新

LA JEUNESSE

文学革命与《新青年》传播

陈斯华/著

中国社会科学出版社

图书在版编目（CIP）数据

文学革命与《新青年》传播/陈斯华著. —北京：中国社会
科学出版社，2011.7
　　ISBN 978－7－5004－9890－2

　　Ⅰ.①文…　Ⅱ.①陈…　Ⅲ.①期刊—研究—中国—民国
Ⅳ.①G239.296

中国版本图书馆 CIP 数据核字（2011）第 119566 号

责任编辑　王　斌
责任校对　刘　娟
封面设计　3A 设计艺术工作室
版式设计　王炳图　王　超

出版发行　中国社会科学出版社
社　　址　北京鼓楼西大街甲 158 号　　邮　　编　100720
电　　话　010－64036155　64070619（咨询）　84029450（邮购）
传　　真　010－84017153　　　　网　　址　http://www.csspw.cn
经　　销　新华书店
印　　装　三河市君旺印装厂
版　　次　2011 年 7 月第 1 版　　印　　次　2011 年 7 月第 1 次印刷
开　　本　710×1000　1/16
印　　张　15.75　　　　　　　插　　页　2
字　　数　205 千字
定　　价　45.00 元

目　录

绪　论　解读传媒对文学的影响力
　　　　——研究《新青年》杂志的思考 …………………… 1

第一章　《新青年》杂志的传播要素 ……………… 19
　一　"同人作者"群的演化 ……………………… 20
　二　发行渠道与广告营销 ……………………… 38
　三　封二广告刊录统计 ………………………… 45
　四　读者定位与信息反馈 ……………………… 52

第二章　文学革命的议题设置 ………………… 62
　一　社会舆论背景 ……………………………… 62
　二　清末民初报刊对文学的关注 …………… 71
　三　文学革命议题的提出 ……………………… 80

第三章　文学革命的传播效果 ………………… 90
　一　文学革命舆论的形成 ……………………… 90
　二　文学革命舆论的发展 ……………………… 101
　三　现代小说与新出版物 ……………………… 110

第四章 文学作品的刊载及其舆论共鸣 …………………… 119

一 文学作品的刊载数量 ……………………………… 120

二 文学作品的舆论共鸣 ……………………………… 128

第五章 《新青年》杂志的嬗变 ……………………………… 137

一 由文化期刊到中共党刊 …………………………… 138

二 文学革命议题的让渡 ……………………………… 148

三 封面设计风格的演变 ……………………………… 154

第六章 陈独秀的办刊理念与《新青年》 ………………… 164

一 "爱国心与自觉心" ………………………………… 165

二 文化启蒙与政治救亡 ……………………………… 173

结 语 ………………………………………………………… 179

一 文学革命议题设置与中国文学现代转型 ………… 179

二 《新青年》叙事与文学革命传播 ………………… 186

附 录 ………………………………………………………… 193

一 《新青年》杂志广告辑录 ………………………… 193

二 《新青年》各埠代办处辑录 ……………………… 210

三 《新青年》投稿简章及特别通告辑录 …………… 227

主要参考文献 ………………………………………………… 242

后 记 ………………………………………………………… 248

绪论　解读传媒对文学的影响力

——研究《新青年》杂志的思考

一

对于文学的研讨，我们以往的思路是往往忽略文学依存的媒介本身的意义，对作品或文本的评价与其承载的媒介无关，关注的是作品或文本的自主的抽象意义，或思想的，或文化的等等。这样剥离作品或文本的具体媒介环境意义去独立的研究或探讨作品或文本的抽象意义是很容易造成效果的不全面性。因此必须复兴媒介融合作品或文本自身而成为其内涵的那部分的意义，因为"媒介即信息"。而当媒介在社会发展的某个时期由于经济的、技术的、社会群体的因素相互支持，从而被专业的组织、专业的人操作用于专门的信息传播而造成广泛的社会影响时，媒介的社会能动作用就以"传媒"的方式对于社会进程、社会改革施加影响。而传媒自身发展的媒体策略又促使传媒为争取信息传播的效果积极与社会议题、大众关注的焦点联盟，以对"话题"的策划包革命"议题的设置便是媒体策略的案例之一。

如果按照《现代汉语词典》给予"传媒"和"媒介"的定义——传媒：传播媒介，特指报纸、广播、电视等各种新闻工具①；所谓"媒介"：是指使双方（人或事物）发生关系的人或事物。② 那么"传媒"与"媒介"的区别，应该是"传媒"主要强调传播工具具有的社会能动性，而"媒介"则主要强调关系中介自身的物理技能。

大众传媒的出现则是伴随机械印刷媒介的诞生而出现的，是社会各种因素发展互动的结果。大众传媒的开端在中国始自清末至 20 世纪初。

在诠释传媒对文学的影响力时，有必要了解媒介对于文学的再创作作用，了解文学媒介发展的过程。王一川在其所著《文学理论》中对此有精辟的概括和阐述。③ 文学媒介的演化经历了漫长的过程，单就中国文学发展的特殊历程而言，文学媒介主要经历了五个阶段：口语媒介、文字媒介、印刷媒介、大众媒介（机械印刷媒介和电子媒介）和网络媒介。相对应的，也构成了五种文学文本的媒介形态：口语文本、文字文本、印刷文本、大众媒介文本、网络文本。并且文学媒介的五个阶段和文学文本的五种媒介形态，从极粗略的意义上讲，大致分别对应于原始文学、先秦至唐代文学、宋代至清代文学、清末至 20 世纪 90 年代文学和 90 年代以来

---

① 中国社会科学院语言研究所词典编辑室编《现代汉语词典》，商务印书馆 2002 年增补本。

② 同上。

③ 参阅王一川《文学理论》第三章至第五章，四川人民出版社 2003 年版。

文学。而且相对应文学媒介的六种形态（口语媒介、文字媒介、手工印刷媒介、机械印刷媒介、电子媒介和网络媒介）也形成了文学文本媒介形态的六种媒型层：口头媒型、文字媒型、手工印刷媒型、机械印刷媒型、电子媒型和网络媒型。

而这些文学文本的媒介形态及其媒型层的不同特点和意义极充分的表述了媒介对于文学的塑造力。我们所接触的文学首先是媒介的文学，文学的变革在这里极具说服力的表现为媒介的变革，文学的发展史就是媒介的演化史。而本论中所要阐述的则是作为大众媒介之一的机械印刷媒介及其所构成的大众媒介文本对于文学的影响力，大众媒介作为大众传媒所发挥的社会能动性的意义，它所选择、编辑处理的资讯在传播过程中所产生的对于人们在社会认知，社会判断和社会行为方面的影响，从而影响着文学内在精神生成的语境和意义。

文学是一种语言的艺术。当文字媒介进入口语媒介阶段的时候，写作语言的固定化乃是在进化方面颇有意义的一步，而且当写作者面对文字媒介时，写作便成为他表达内在情感的个人行为，而写作个性化的涌现便造成文学文本的丰富景观。而有意义的另一步则是伴随着手工印刷媒介的诞生，手工印刷作坊和社会需求之间产生的经济关系促使社会固有结构的变化，从而形成新的社会经济，新的社会角色，而在此之间更有意味的是手工印刷工艺直接导致的文学文本的美观性及其对它可以不间断的复制。机械印刷作为工业化的一种力量，它批量复制的规模化的能力则是促成大众传媒的出现，报纸、杂志、书籍的批量上市，由此使文化开始了它大众化的历史。而电子媒介和网络媒介的出现和发展则是使面对内容成为同质产品时，内容的表达形式变得越来重要，成为竞争的焦点。

由此可见，媒介的演化和创新增加着社会的复杂性，而一旦媒介自身的物理技能的发展和社会需求在某一个时期达成默契，使媒介成为被控制的工具用以规模化、固定化的散布和传播信息时，媒介便成为大众传媒，被赋予了社会能动意义。在中国，当王韬于1848年的初春在上海第一次见到机械印刷机时，大众传媒已经开始在中国的行程。形成国人第一次办报高潮是在维新变法时期。政治家进军报业，他们需要营造变法舆论，推动社会变革，因而激情洋溢的政论文体成为报章繁荣的标志，正是在这种情势之下，也正是出于启蒙的需要，实现进行社会变革的同一目的，梁启超看重了《小说与群治之关系》，认为"小说为文学之最上乘也"，他不仅倡导"三界革命"，而且主编《新小说》，亲自执笔进行小说创作，从而带动和引导了传媒对小说的关注，使小说成为传播新思想的通衢，赋予小说强烈的工具意识。而机械印刷文本的优势则使小说成为文学格局中心的文类成为现实，小说也成为机械印刷文本最高美学成就的代表，因为机械印刷文本"第一，批量复制能力大幅度提高；第二，形成固定的出版周期和发行网络；第三，有大致稳定的市民读者群；第四，专以卖文为生的职业作家群出现"①。机械印刷文本的这些优势使得小说的社会影响力得到充分的施展，从而现代小说带着机械印刷文本的工业化流水线的标示赫然在读者面前展开。

社会发展的逻辑总是在循环中前进的，媒体的策略在传

---

① 参阅王一川《文学理论》第三章至第五章，四川人民出版社2003年版。

承中更多的决定于媒体发展的自身规律性。因此，当革命家的陈独秀于1915年创办《新青年》杂志的时候，当《新青年》杂志设置"文学革命"议题的时候，其中对于戊戌维新派、辛亥革命派办刊理念与媒体策略的传承是清晰可见的，而这清晰可见的特征则是大众传媒的规律性，则是中国近现代转型时期社会议题的情势使然。如果说梁启超等维新派变法失败后借助于传媒转而求诸文学的社会作用时，是出于对维新变法失败的文化反思，是启蒙。那么，陈独秀等利用《新青年》杂志的传媒功能进行"文学革命"时，是对辛亥革命的文化反思，也是启蒙。显然这种启蒙角色的赋予使中国现代文学，甚至中国20世纪文学特征的功利色彩是较为浓重的，并体现于文学的语体、文本、审美以及文学精神之中。

二

"所谓启蒙就是以西方文化批判封建主义传统文化的历史行为，它从上世纪末即已发端，经过一个回旋至五四新文化运动而进入一个更新更深的层面……所谓救亡，指的是中华民族变革生存与发展的现实斗争，当然构成其主要内容的还是以民族战争和阶级斗争为主要对象指认的暴力革命和政治革命。"①

秉承启蒙与救亡的办刊理念，《新青年》杂志参与社会改革的态度是进取而激进的，同时又是富有策略性的。它之所以设置"文学革命"议题，着力提倡白话文，正是要为新

---

① 孔范今：《走出历史的峡谷》，山东文艺出版社1997年版，第1页。

思想的传播赋予最大众化的语言载体，开通最有效力的渠道，而且文学内在的旨趣具有网罗大众的积极性，它能在潜移默化中诱导和操纵受众，而最大可能的争取受众的注意力不仅是源于思想启蒙的需要，也是传媒生存发展的源泉。因此"文学革命"是进行思想启蒙的最有效力的工具，它本身便是思想启蒙的一部分，或者可以说"文学革命"和"思想启蒙"涵义相同。因此，新文学的诞生之初就背负着中国现代史的重负，就被赋予改革社会的重任，就被赋予了传媒的工具意识。如夏志清教授指出，"中国文学进入这种现代阶段，其特点在于它的那种感时忧国精神。那种中华民族被精神上的疾病苦苦折磨，因而不能够发愤图强，也不能够改变它自身所具有的种种不人道的社会现实"。

因此，"革命"一词就由政治领域扩散而为当时各个领域普遍适用的话语，甚至成为整个 20 世纪的关键词。而"文学革命"的提出正表达了旨在变革传统文化结构的壮志，从而从根本上改变国民的精神面貌。清末民初，梁启超即从进化论的角度论证了革命的必然性和普遍性。梁启超认为："革也者，天演界中不可逃避之公例也……夫淘汰也，变革也，岂惟政治上为然耳，凡群治中一切万事万物莫不有焉。以日人之译名言之，则宗教有宗教之革命，道德有道德之革命，学术有学术之革命，文学有文学之革命，风俗有风俗之革命，产业有产业之革命。"① 因此，梁启超积极倡议文学革新，至此，《新青年》杂志"文学革命"的提出一开始就拥有较为深厚的思想基础和社会正义力量的支持，文学经由

---

① 梁启超：《释革》，载《饮冰室合集》文集（九）。

《新青年》杂志的媒体平台以革命的姿态进入思想启蒙的视域，从而进入中国历史的中心。尽管发起者的胡适与陈独秀对于"文学革命"中"革命"一语的理解有所不同，但是在《新青年》所建构的以革命为基调的虚拟环境中，"文学革命"更多的是赋予了政治化的色彩，而消解了文学自身的本色。

作为舆论学学者的李普曼提出"两个环境"理论，亦即人类生活在两个环境里，一个是现实环境，一个是虚拟环境。现实环境是在人的意识之外独立存在的客观世界，虚拟环境则是人类意识体验到的主观世界。而这个虚拟的主观世界是由大众传媒构建的，它在人类生活中的作用随着大众传媒的发达会越来越大，毕竟人类直接认识或触摸现实环境的能力是有限的，它需要传媒萃取现实世界与人类相关联的元素构成一个相对简单的虚拟环境，供人们认识。而这个虚拟环境是经过传媒加工的，具有强烈的人为色彩，因此，人们的判断、决策则受控于传媒，人们依赖传媒而生活，在虚拟的环境里感受另一种真实。《新青年》杂志创刊之时，尽管大众传媒在中国已经获得了发展，但是，中国经济发展的滞后以及国民教育的不普及，相对的，《新青年》杂志的受众并没有表现为大众化。有研究者认为《新青年》发起的文学革命，实际上是在中国精英知识分子中进行的一场文化革命，是脱离大众的，其中缘由应该亦有赖于此吧。由《新青年》杂志以文学革命为突破口发起的新文化运动，引领了新文化期刊的竞相诞生和旧期刊的改革，这样，由传媒营造的虚拟环境的氛围更趋于主题的趋同，因而文学在这场新文化运动中始终没有被当作一个独立的问题受到关注。而文学的这种功利特性也由此影响了中国现代文学，甚至是中国整个20世纪文学，或者还要久远。

或者，可以这样思考，《新青年》之"文学革命"所产生的影响这样持久而深刻，也在于我们研究历史，传承文化，是在传媒构建的虚拟环境里，在这个公共空间中进行的，而并不是对于现实世界的直接解读，而且现实世界是如此庞杂而稍纵即逝，我们直接获知的能力是如此弱小。我们只能借助传媒而读解被简单化了的世界。这样有记载的，有报道的，我们可以了解研究，而没有记载，没有报道的，我们无从获知。我们所获得的历史、文化等等，只能是媒介的历史，媒介的文化，如此，传媒的影响力才这样有力量。特别是当某一类文化成为政治功利规约中的主流文化，而这种主流的位置又被强调到接近垄断的地步，那么承载这类文化的传媒则有幸不仅被大量复制而且意义还会扩大，当然误读也会夹杂其中。《新青年》杂志应该当属此类，那么"文学革命"传播效果的宏观意义在这里也许还能发现一种说明。因此，解读传媒对文学的影响力，从传媒的社会能动性的角度来看，力量还来源于传媒之外。

三

本论主要是从传播理论的视角来研究《新青年》杂志作为大众传媒的传播行为的。对它的分析遵循一贯的传播行为规则，即：谁？说什么？通过什么渠道？对谁说？有什么效果？因此，本论首先从激发和引导传播行为的编辑记者入手，通过《新青年》杂志同人作者群的演化，解析《新青年》杂志传播行为中作为控制因素的这个"谁"的特点，并且本论第六章又进一步特别剖析了作为主编的陈独秀的办刊理念对《新青年》杂志的影响，使对《新青年》杂志传播行为中"谁"这个群体的特点更加凸显，从而为分析"说什么"做了个性化诠释。而"说什么"则是本论研究的重心，"文学革命"是其中阐述的主要内容。本论第二章围绕"说什么"而展开分析了为什么说？怎么说？使"文学革命"的议题设置拥有了社会基础和理论依据。在"通过什么渠道"上，本论分析的着力点没有放在作为机械印刷媒介的《新青年》杂志的媒介传播特点上，而是从市场营销的视角阐述了《新青年》杂志发行渠道建设与广告营销在《新青年》传播行为中的作用。在"对谁说"这个传播行为的对象分析上，通过对《新青年》杂志的读者定位与信息反馈的研究，阐述了《新青年》杂志的受众特点及其受众群体的演化，特别是对《新青年》杂志通过栏目设置与受众建立的信息互动机制对于巩固杂志与受众之间的关系，对于《新青年》信息内容的传播所产生的效果分析都是极有意义的。而本论研究的目的和终极意义则是"有什么效果"，这个效果对于中国现代文学所发挥的影响力，这个影响力所造成的痕迹，或者说特征。本论第四章和第五章都是关于这个效果的分析以及效果所产生的影响力。

因此，分析研究《新青年》杂志"文学革命"议题设置及其传播效果便成为本论的核心，而对"文学革命"传播效果所发生的对于中国现代文学的影响力分析便是本论的结论归置。"文学革命"作为一种理性舆论形态，它置辩于社会大变革的场景和精英荟萃的传媒平台，它对于警醒身处社会变革中的人们正确地判断形势发挥了舆论导向的力量，同时，《新青年》杂志所刊登的新文学作品中的艺术形象又为"文学革命"舆论发出共鸣，使"文学革命"议题的传播效果产生了划时代的历史意义。"文学革命"中的文学理念或者说文学理想成为构成新文学特征的关键因素。以至于有些研究者发出这样的疑问：如果没有"文学革命"，中国会不会出现五四新文学这一历史现象？"《新青年》同人的努力，至少极大地影响了中国现代文学的诞生方式：是这一批自身并非文学家的启蒙主义者最先喊出了新文学的口号，正是在他们的提倡、鼓吹、组织和亲身试验下，才产生了最初的一批新文学作品，包括鲁迅的小说。"① 而本论对"文学革命"议题的研讨始终是放置在《新青年》杂志自身命运的变化之中的，通过分析《新青年》同人作者群的分化、办刊理念的转向以及《新青年》由一本文化期刊嬗变为中共党刊，阐述杂志自身命运的变化对于"文学革命"的影响，对于新文学的影响，特别是《新青年》的嬗变所带来的社会能动力的结构与方向性的变化，最早预示了中国现代文学精神失衡与悖反特征的初显。关于中国现代文学精神之失衡与悖反的理论观点，解洪祥先生在其所著《中国现代文学精神》一书中作了精辟的论述。

　　中国现代文学历史发展的基本特征是失衡与悖反。

　　所谓"失衡"，是指马克思主义及其指导下的

---

① 王晓明主编《批评空间的开创》，东方出版中心1998年版，第202页。

革命文学在政治和文化两个方面，在反帝反封建的现实斗争和反封建的思想启蒙两个方面的失衡，即在政治方面，在反帝反封建的现实斗争方面，取得了巨大的胜利，彻底的胜利；但在文化方面，在反封建的思想启蒙方面，则做得很不够。所谓"悖反"，是指民主主义、近代理性人本主义文化思想及其影响下的民主主义、特别是自由主义文学在政治和文化两个反面，在现实的政治斗争和反封建的思想启蒙乃至审美、学理两个反面的悖反，即在现实的政治斗争方面，自由主义反对马克思主义，反对中国现代革命，是完全错误的；但在文化方面，在审美创造和学术研究方面，则做出了重大贡献，而且这种贡献恰恰弥补了马克思主义及其指导下的革命文学在反封建思想启蒙方面的某种不足。①

在《新青年》杂志办刊理念由启蒙转向救亡的同时，《新青年》杂志的信息传播主题也由思想革命、文学革命转向了传播马克思主义和政治革命。此时新文学本身对于中国新文学的历史走向还没有显现和预示出来，倒是《新青年》杂志的这种转向最早的预示了新文学后来的历史走向，影响了中国新文学的历史进程，这一点可以从鲁迅 1934 年 3 月 23 日在《〈草鞋脚〉（英译中国短篇小说集）小引》一文中再次得到印证：

---

① 解洪祥：《中国现代文学精神》，山东教育出版社 2003 年版，第 2—3 页。

小说家的侵入文坛，仅是开始"文学革命"运动，即一九一七年以来的事。自然，一方面是由于社会的要求，一方面则是受了西洋文学的影响。

但这新的小说的生存，却总在不断的战斗中。最初，文学革命者的要求是人性的解放，他们以为只要扫荡了旧的成法，剩下来的便是原来的人，好的社会了，于是就遇到保守家们的迫压与陷害。大约十年之后，阶级意识觉醒起来，前进的作家，就都成了革命文学者，而迫害也更厉害，禁止出版，烧掉书籍，杀戮作家，有许多青年，竟至于在黑暗中，将生命殉了他的工作了。①

小说家侵入文坛得益于《新青年》杂志倡导"文学革命"的影响是无可争辩的，而其中作家们"阶级意识的觉醒"，也不能排除《新青年》杂志转向后对马克思主义的宣传与政治革命思想启蒙的影响力。

而在《新青年》杂志转向中，有一点是不容忽视的，甚至是更为主要的，这就是主编陈独秀的二元文化观念及其对二元文化进行选择性弃取的办刊理念对《新青年》杂志的影响，而且从某种程度上可以说《新青年》杂志记录了陈独秀思想发展变化的轨迹，《新青年》是中国社会转型期的历史缩影经由陈独秀思想人格化的反映。

王晓明在《一份杂志和一个"社团"》中总结了《新青年》几个特点：一是实效至上的功利主义；二是有一种措词

---

① 《鲁迅全集》第6卷，人民文学出版社1981年版，第20页。

激烈，不惜在论述上走极端的习气；三是绝对主义的思路；四是以救世主自居的姿态。的确如此。究其原因，《新青年》这些特性既有对戊戌以来政治家办报理念、话语姿态的因袭，中国面临危机的情势所迫，陈独秀个性化思想、语言文风的渲染，更有受追求注意力所驱使的大众传播规律的影响。社会学有一条原理：正常的东西支撑社会的运作，反常的东西导致社会的变化。而事实是正因为《新青年》的这些特性才使它自身产生巨大的社会能动性，使信息所承载的影响力积淀而成为中国历史发展的深层基因。

四

有一点是不容忽视而又常常被忽略的是栏目的传媒功能在"文学革命"影响力中的作用。栏目是对信息包装的最基本的元素。作为倡导"文学革命"的作者而兼《新青年》杂志的编辑，他们有一个共同点即是在此之前或有从事报刊业的经历或是报刊的经常撰稿人，他们注重栏目的策划与运作，特别是对《新青年》交互性栏目的强化建设，加大了"文学革命"传播的深度与广度，增强了"文学革命"的传播效果。

《新青年》杂志创办之初，即第 1 卷第 1 号"社告"第 5 条便特别强调杂志设置"通信"专栏的目的，即"本志特辟通信一门，以为质析疑难发抒意见之用。凡青年诸君对于物情学理有所怀疑或有所阐发，皆可直缄惠示。本志当尽其所知，用以奉答。庶可启发心思，增益神志"。①而《新青年》杂志在出满第 1 卷 6 期后，因销量少不得不暂告休刊。陈独秀在《新青年》杂志第 2 卷第 1 号《通信，答陈恨我》中发了如此感慨地说："本志出版半载，持论多与时俗相左，然亦罕受驳论，此本志之不幸，亦社会之不幸。"②故此在第 2 卷第 1 号起增设"读者论坛"，以期加强《新青年》杂志在社会中的注意力度，带动销售量的增长，对此并特发通告："本志自第二卷第一号起，新辟'读者论坛'一栏，容纳社会外文字，不问其'主张''体裁'是否与本志相合，但其所论确有研究之价值，即皆一体登载，以便读者诸君自由发表意见。"③该"读者论坛"一栏自《新青年》杂志第 4 卷第 4 号起改由"随感录"专栏来代替，这样便扩大了写作者的范围，不仅读者可论，编辑者也可有感而发了。

正是《新青年》杂志这些交互性栏目的设置与不断完善，才使《新青年》杂志更充分的发挥其作为杂志体的传媒功能，在编辑者与读者之间营造了一种对话的共时状态，形成了强有力的舆论场。1917 年《新青年》杂志对"文学革命"的力倡，其专题策划的成功得益于这些交互性栏目的设置，同时"文学革命"也使这些交互性的栏目拥有了更为具体的与读者与社会的对话内容，使其传媒功能突显，《新青年》杂志影响不断扩散，销量有了显著增长，特别是青年读者，或写信或亲到上海群益书社要求再版前几卷《新青年》

① 《新青年》杂志第 1 卷第 1 号"社告"，上海书店 1988 年影印。
② 陈独秀：《新青年》杂志第 2 卷第 1 号，上海书店 1988 年影印。
③ 《新青年》杂志第 2 卷第 1 号"通告"，上海书店 1988 年影印。

杂志。1919年初，群益书社翻印再版第1—5卷《新青年》杂志，很快被抢购一空。

值得一提的是，《新青年》杂志在第4卷第3号"通信"专栏里，利用其交互性的媒体平台，策划了一出"双簧戏"，来引发对"文学革命"更广度的讨论。事由文学革命的先驱钱玄同和刘半农以《文学革命之反响》为题，发表关于新旧文学论战的两封信。一封是钱玄同化名王敬轩写给《新青年》编辑部反对文学革命的来信，一封是刘半农以《新青年》杂志记者的名义写的反驳书《致王敬轩信》。从而引发了人们在《新青年》杂志上研讨起新文学的各种问题，或观念的，或语言文体的，一时间"文学革命"不仅成为《新青年》杂志的关键词，而且成为当时整个传媒界的关键词，从而也成为社会革命的关键词，《新青年》所倡导的"文学革命"的思想理论因此深入人心。《新青年》杂志成为新文学革命的舆论阵地和思想交流的论坛，也成为新文化运动的中心。

从第4卷第4号起，《新青年》杂志开设的"随感录"专栏取代了"读者论坛"，不仅扩大了写作者的范围，而且也弥补了《新青年》杂志侧重发表长篇的局限，同时也增强了作为媒体对现实的干预力，进一步强化了与社会现实的亲和色彩。"随感录"的设置特别是对现代散文在"五四"时期自此成为一种独立的形式，实现散文由古代形态向现代形态的转变以及对现代杂文的发展影响甚大。

《新青年》杂志之"随感录"是现代杂文的摇篮，其渊源应是梁启超的被称为"新民文体"的报刊政论文章。杂文在现代散文中的率先兴起，与报刊传播的大众化发展关联密切。杂文短小精悍，易于写就，议论时政，指向小说难以触及的问题，发挥小说难以发挥的作用，适合在报刊上刊载传播。与其说杂文切合报刊的传媒形态，毋宁说报刊传媒形态塑造了这种文体。新文学的倡导者陈独秀、刘半农、钱玄同、鲁迅、周作人等都在此发表随感多篇，论战色彩浓厚，为《新青年》杂志增添了勃勃生机，呈现出现代报刊政论的雏形。其中以鲁迅的随感最具代表性，这些"随感录"上的杂感短论组成了鲁迅早期杂文的重要部分。

由此可以看到，《新青年》杂志作为杂志体的传媒形态，因为拥有当时作为社会精英的核心资源即一代革命或向往革命的知识分子，其栏目的设置与社会话题的策划，使《新青年》杂志具有历史性格的同时更张扬了个性，在文学现代转型进程中借助信息载体，以专栏的形式，多角度、多侧面的对他们所倡导的"文学革命"的理论与实践的传播发挥了重要作用。

五

机械印刷媒体相对于文字印刷媒体和手工印刷媒体来说，它的批量复制不仅在一定程度上满足了大众对于信息的渴求，而且也在一定程度上拆除了文学传播的壁垒。但是，机械印刷媒体毕竟是少对多的传播模式，这种模式并没有带来话语权的解放，从某种程度上来说，机械印刷媒体还是打造精英文化的传媒，是精英们的专业书写。这也是《新青年》杂志之所以被精英们垄断而进行宏大叙事的因素。因而也使得文学表现为编辑的文学，而不是写作者的文学。马克·波斯特是这样谈到印刷媒体的文化意义的，他说："启蒙运动这一思想传统具有根深蒂固的印刷文化渊源……句子的线形排列、页面上的文字的稳定性、白纸黑字系统有序的间隔，出版物的这种空间物质性使读者能够远离作者。出版物的这些特征促进了具有批判意识的个体的意识形态……印刷文化以一种相反但又互补的方式提升了作者、知识分子和理论家的权威。"① 而作为影视媒体的电视、电影等同样也是一种少对多的传播模式，也并没有带来话语权的真正解放。但是在 20 世纪末，互联网的出现，网络媒体的发展，使文学进入了又一个革命的时代，尽管这里的文学概念因为媒介技术的发展正发生着裂变，但这里的"革命"却是文学自身的变革，是文学独立意义上的变革。

　　"网络文学"就是这一媒介技术发展的产物，它体现了媒介对于文学影响力的深刻性。尽管对于"网络文学"的概念有不少的研讨争论，但它最根本的特征应该是一种在线文学，它不再具有还原为纸媒介的能力。这种网络文学的传播是一对一的模式，具有及时互动的特性，而且更为重要的是，网络对"中心化"的技术解构，推倒了所有的文学壁垒，人人都可以自由书写，在欣赏的同时也可以创造，在这里，传媒的话语权得到真正的解放，文学至此真正成为人的文学，平民的文学，文学因为媒介技术的发展而返璞归真。因而"网络文学"形式上更多地表现为技术文学。因此"网络文学"的意义也就更多地从形式上表现

---

　　① 马克·波斯特：《第二媒体时代》，南京大学出版社 2000 年版，第 84 页。

为价值理性对工具理性的让渡。"工具理性是一种以工具崇拜和技术主义为生存目标的价值观，而价值理性是以人的意义、人生的追求、目的、理想、信念、道德，以及人性的终极关怀为依归的人文精神。"① 如果说《新青年》杂志所倡导的"文学革命"是富有价值理性的思想启蒙，那么"网络文学"所带来的人文变革也不仅仅归结为工具理性。既然媒介技术的发展能使自由成为"网络文学"的精神特征，那么"放弃机械论的二分法，提倡有人文精神的科学精神，同时有科学精神的人文精神；或者有人文关怀的科学技术，有科学精神有人文科学，这两者相结合，发展充满人文关怀的科学技术，同时发展有科学精神的人类道德"② 的期许也正在进行。而且《新青年》所提倡的"民主与科学"的启蒙理想，是对融科技与人文为一体的新文化形态的最早期待，那么"网络文学"应该是这样一种版本。

---

① 欧阳友权等：《网络文学论纲》，人民文学出版社 2003 年版，第 143 页。
② 王大珩、于光远主编《论科学精神》，中央编译出版社 2001 年版，第 294 页。

第一章 《新青年》杂志的传播要素

"五四"成为近年来学界反思的焦点，《新青年》杂志作为"五四"的焦点之一，因其自身所蕴涵的丰富的学术价值依然为知识分子孜孜求索的目标。当前关于《新青年》杂志，式样翻新的理论、概念不断涌现，其实当我们穿越基于或政治或思想或文化功利建构的历史叙事对《新青年》杂志的解读，触摸《新青年》杂志时，感知的是《新青年》作为杂志体的传媒本身，急于了解和研究的是这本杂志的信息生产、销售、消费和客户反馈的信息传播之链，也就是这本杂志的编辑作者、发行渠道和广告营销以及它的读者定位和信息反馈的传播节点。因为正是这些传播要素所发生的互动意义，使《新青年》杂志的信息传播形成一个良性的闭合循环系统，使信息以互动的状态在循环往复的交流中不断提升质量，并导致新信息的大量产生，形成传媒得以生存发展的注意力经济，发挥传媒的影响力。《新青年》设置的"文学革命"议题传播效果的产生，正是杂志以互动姿态构成的传播要素的支撑，而它的传播效果所引起的轰动效应对于中国现代文学精神生成和发展的制导之力，更在于杂志传播要素本身的特殊性。而对杂志传播要素本身特殊性的分析，便是本章的内容。

一 "同人作者"群的演化

研究《新青年》杂志的传播要素，首先指向的目标是杂志的编辑作者，因为他们是《新青年》杂志信息产生之源，是传播过程的关键要素。他们不仅操纵作为工具或手段的传媒本身，还对信息内容的选择取舍起决定作用。不仅如此，他们的品格条件所构成的信誉以及对问题的见解是否具有专业权威性，对于《新青年》杂志的传播效果，对于信息内容本身所构建的可信性的基础都是十分重要的。因此，从撰稿多寡以及言论影响力来衡量，关注《新青年》杂志中具有代表性的作者在杂志创刊前期的简历（见本书后的附录），突出他们的革命活动与办报刊经历以及有无留学背景，以期在类比中通过对同人作者群的演化，梳理出较为客观清晰的脉络。

由于思想志趣投契，以《新青年》杂志为纽带聚集在一起的同人编辑作者群决定了杂志的同人性质，这是研究者们早已认可了的，而存在的分歧在于《新青年》作为同人杂志的时间界定。陈万雄在他所著《五四新文化的源流》中认为《新青年》同人杂志时期是从 1915 年 9 月—1916 年 2 月，主要的理由是"《青年杂志》的初办是以陈独秀为首的皖南籍知识分子为主的同人杂志，且互相间有共事革命的背景"①。陈

---

① 陈万雄：《五四新文化的源流》，生活·读书·新知三联书店 1997 年版，第 6 页。

平原则上倾向于将一至九卷的《新青年》杂志作为"同人杂志"来分析,主要理由是"1923—1926 年间陆续刊行的季刊或不定期《新青年》,作为中共机关刊物,着力介绍列宁和斯大林著作,自有其价值;但已经与此前的'同人杂志'切断最后一丝联系,应另立门户加以论述"①。而第八、九卷由于形式上还保留趋重哲学文学的编辑方针以及胡适等人的作品依然刊载,可视为此前"同人杂志"事业的延续。本文同意这种观点,并且研究范围界定在作为同人杂志的《新青年》1—9 卷。但本文的着力点在于以《新青年》杂志社址的迁徙为主线,以上海至北京至上海、广州迁徙路线为节点,重点分析其同人作者群在社址迁徙中的发展演化,拟分为三个时期,即上海初创时期、迁址北京时期、迁返上海广州时期。

上海初创时期。《新青年》杂志为什么创刊于上海?为什么创刊于 1915 年的上海?其中的背景因素早为研究者所关注。"在中国历史的近现代过程中,上海更有资格被称为新历史活动和文化活动的中心。事实上也正是如此,在它成为外国列强蚕食中国的缺口时,它也同时成了中国对外开放的窗口。它连接着中国与西方,既是新经济、新文化的试验场,又是向内地扩散、渗透的辐射源。"② 而且孙国亮在他的文章《青年杂志与 1915 年的上海》(《文艺争鸣》总第 103 期)中也对此作了考证和分析。1915 年的上海,

---

① 陈平原:《思想史视野中的文学——〈新青年〉杂志研究》,《大众传媒与现代文学》,新世界出版社 2003 年版,第 195—196 页。

② 孔范今:《走出历史的峡谷》,山东文艺出版社 1997 年版,第 189 页。

从 1533 年到 1914 年站立三个多世纪的城墙被彻底拆除，旧城厢和城外的华界、租界成为联系的一体。而随着城墙的消失，租界内占主导的西方文化和价值观与租界外占主导的中国传统文化和价值观的界限也加速了消逝。而这种消逝所带来的结果则是城市的文化实质笼罩的不再是"儒家"。上海作为商业都市，阅读已经成为市民的文化时尚和生活习惯，文化市场业已形成，上海便迎来了"新学书报最风行的时代"。这一时期在上海出版的中文刊物已有 69 种，日报和期刊合计的话，总数当在 100 种以上；仅在 1915 年就有《小说大观》、《大中华》、《小说海》、《小说新报》等诞生，加之此前已有的《小说月报》、《十日小说》、《小说丛报》、《小说时报》等，小说作为现代消费文化的读本已经向文学格局中心挺进。1915 年 5 月 9 日，日本提出侵略中国的"二十一条"激起上海报人愤怒，《礼拜六》等刊物专门发表了"国耻专号"，已得民主风气之先的上海市民掀起"反袁救国"的游行示威，现代市民意识已成雏形，而此时的北京市民还在做着帝制的顺民。这时上海的《科学》杂志，已经具有了启蒙的思想文化理念，它的目标不仅在于"促进科学，鼓励工业，统一翻译术语，传播知识"，而且希望用"十字军的热情通过科学最终再造中国的整个社会和文化"。这可以看做《新青年》创刊后"民主与科学"口号提出的渊源。

就是在这样的社会文化背景之下，陈独秀于 1915 年 9 月 15 日在上海创办《新青年》杂志。该刊创办之初，名为《青年杂志》，依靠群益书社一定的财政支持。

上海时期同人作者群主要由以下人士组成①：

陈独秀（1879—1942 年），安徽怀宁人。留学国家：日本。

从事革命活动简历：1898 年入读南京著名新式书院"求是学堂"。因有反清言论，被驱逐离南京。1901 年东渡日本，曾加入留日学生最早团体"励志会"，半年后回国。1902 年与潘赞化等人组织学社宣传革命反清被列为首要分子受追捕，避遁日本。在日本期间与张继、潘赞化、苏曼殊等人组织留日学生最早革命团体"青年会"。1903 年，因与张继、邹容等人强剪留学监督蔡钧辫发遁逃归国。在安庆与潘赞化等人集会拒俄，组织"爱国会"，鼓吹革命，并再因此被追捕逃抵上海。1904 年 11 月在上海加入章士钊等组织的暗杀团，共事的有蔡元培、蔡锷等人。1905 年任教安徽芜湖公学，与革命同志组织革命团体"岳王会"，陈独秀并任会长。同年策划炸五出洋大臣事。1907 年因徐锡麟事件而走日本。与章太炎、苏曼殊、张继等组织"亚洲亲和会"。1909 年归国。武昌首义，积极参与。1914 年革命失败后亡命日本。其后曾组织参与"政余俱乐部"、"欧事研究会"。

从事报刊业简历：1896 年著有《扬子江形势略论》一书，被誉为皖城名士。1902 年为新学制小学编写了《小学万国地理新编》。1903 年八月与章士钊办《国民日日报》，共事的有谢无量、何梅士和苏曼殊等。1904 年创办《安徽俗话报》。1914 年与章士钊办《甲寅杂志》。

---

① 以下参阅陈万雄《五四新文化的源流》，生活·读书·新知三联书店 1997 年版，第 2—20 页。

高一涵（1885—1968年），安徽六安人。留学国家：日本。

从事革命活动简历：辛亥革命兴起，与高语罕、易白沙等人在安徽策划起事。1916年曾任留日学生总干事，与李大钊组织了秘密组织"神州学会"，集合同志，从事反袁活动。

从事报刊业简历：1914年助章士钊、陈独秀办《甲寅杂志》。1916年曾任中国留日学生总会编辑委员会主任，与李大钊编《民彝》杂志。从第1卷起在《青年杂志》上撰稿。1916年与李大钊主持《甲寅》日刊。1918年进北京大学。

易白沙（1886—1921年），湖南长沙人。留学国家：日本。

从事革命活动简历：从1903年到民初，教读以外，一边从事反清革命活动。1911年武昌起义以后，参与组织"青年军"起义响应，并任队长。二次革命期间，从事反袁工作。

从事报刊业简历：二次革命期间，从事反袁工作事败亡命日本，协助章士钊办《甲寅》杂志，撰稿甚多。1915年起在《青年杂志》上撰稿。先后任教于长沙省立第一师范，天津南开大学和上海复旦大学。

刘叔雅（1889—1958年），安徽合肥人。留学国家：日本。

从事革命活动简历：1906年就读安徽公学，是该校革命组织的干部。1907年加入同盟会。1909年，赴日留学，并从事革命活动。1913年二次革命从事反袁活动。1914年加入"中华革命党",并任孙中山秘书。

从事报刊业简历：1909 年在日本留学期间师从章太炎。民国后回国任上海《民立报》编辑，以"天明"的笔名鼓吹民主。二次革命失败后再赴日本。1914 年协助章士钊、陈独秀办《甲寅杂志》。自《青年杂志》第三期起开始撰稿。1917 年入北大任教。

高语罕（1888—1948 年），安徽寿县正阳关人。留学国家：日本。

从事革命活动简历：留学日本早稻田大学。1907 年回到安庆，曾参加陈独秀等组织的"岳王会"外围组织"维新会"，从事革命。后加入同盟会。武昌首义后，积极参加革命。与易白沙等组织安徽"青年军"，推动革命。是安徽五四运动的推动者。

从事报刊业简历：协助编辑《俗话报》和《安徽白话报》，并参与组织"读书会"。二次革命失败后回到上海，时常在《神州日报》等报上撰稿。

李大钊（1889—1927 年），河北乐亭人。留学国家：日本。

从事革命活动简历：1907 年入北洋法政学校。曾与东北著名革命党人王发勤等人组织秘密革命团体"共和会"。武昌起义参与组织敢死队从事起义工作。1912 年加入陈翼龙主持的"中国社会党"。1913 年任社会党天津支部干事。3 月任北洋法政学会编辑部长。编《言志》月刊，从事反袁活动。其后组织"中华学会"，从事反袁秘密活动。

从事报刊业简历：1912 年 12 月组织北洋法政会，与孙丹林办《正言报》。在日本留学期间，因投稿而结识章士钊、陈独秀等《甲寅杂志》同人。1915 年留日学士总会成立，任该会文牍干事。主编留日学士机关志《民彝》，与高一涵关系密切。

胡适（1889—1962 年），安徽绩溪人。留学国家：美国。

从事工作简历：1910 年考取清华留学奖金赴美留学。1915 年入哥伦比亚大学研究院从杜威学实验哲学。1917 年回国任教北京大学。

从事报刊业简历：胡适入读上海中国公学。加入"兢业学会"，在《兢业旬报》上撰文，并发表白话小说。1914 年投稿《甲寅杂志》。

刘半农（1889—1934 年），江苏江阴县人。尚未查到有记录其留学的资料。

从事革命活动简历：1912 年因武昌首义，常州中学停办而废学。与吴研因编辑《江阴杂志》，鼓吹革命，启迪民智。后加入青年团起义革命军，担任文牍工作。

从事报刊业简历：与吴研因编辑《江阴杂志》。后到上海开明剧社任编剧，撰小说在《小说界》发表，以卖文为生。因读《新青年》而到该杂志编辑部拜识陈独秀。1917 年任教北京大学。

由陈独秀在《新青年》杂志创刊前的简历可以看出，作为《新青年》杂志主编的陈独秀，在创办《新青年》杂志之前已是一个善于把革命和办报刊相结合的有丰富经验的革命知识分子。他所从事的不成功的革命活动经验与教训，使他更坚定了通过创办杂志唤醒民众尤其是青年的思想，从基本上改变中国的旧文明和旧社会。《新青年》杂志这个时期的主要作者有高一涵、易白沙、刘叔雅、高语罕、李大钊、刘半农等，他们和陈独秀有着基本相同的政治革命倾向选择，崇尚民主主义与人本主义，参与过大大小小的革命活动，而胡适也是抱着类似的文化理想加入这个以"精神之团结"①聚集在一起的同人作者群。这个同人作者群是以《新青年》杂志为纽带组成的拟态群体，其实并没有什么组织。同时，他们从事报刊业的经历和经验，使他们掌握了一定的信息编辑与媒体传播技巧，由锋芒毕露的社会批评入手，彰显《新青年》杂志的锐利个性，营造注意力，获得良好的社会效果，而杂志主编陈独秀及其主要作者也因此成就了名声。这为《新青年》杂志迁址北京以及迁址北京后的成功奠定了良好的社会效益基础。

《新青年》杂志第 1 卷、第 2 卷的编辑工作完成于上海。从主要撰稿人的履历中可以看到，这个时期同人作者群有两个明显的特点，一个是他们曾经是办报刊或从事革命的同事旧友。如陈独秀和高一涵、易白沙、刘叔雅有从事《甲寅杂志》的同一报刊背景，胡适和李大钊也是《甲寅杂志》的撰稿者，高语罕是陈独秀创办并任总会会长的"岳王会"外围组织"维新会"成员，和陈独秀是从事革命活动的同志关系，在陈独秀创办《新青年》杂志期间，刘半农亦因拜访而结识陈独秀。另一个特点是多数作者为陈独秀皖籍同乡，比如高一涵、刘叔雅、高语罕、胡适等。这种亲近的地缘关系对于他们多数海归人士是较为有力的纽带，特别是杂志初创

---

① 陈平原：《思想史视野中的文学——〈新青年〉杂志研究》，《大众传媒与现代文学》，新世界出版社 2003 年版，第 195—196 页。

时期，这种地缘关系显得更为重要。也正是这两个特点，说明了上海创刊时期的《新青年》杂志虽有呈现向外拓展的趋势，但就其作者群和影响力来说，也还是地缘意义上的"圈子杂志"。

迁址北京时期。1917年初陈独秀被聘为北京大学文科学长，《新青年》杂志编辑部也由上海迁址北京。《新青年》杂志迁址北京后同人作者队伍迅速扩大，多以北大教员为主，他们是章士钊、钱玄同、蔡元培、周作人、鲁迅、王星拱、沈尹默等。《新青年》杂志第3—7卷的编辑工作主要完成于这个时期。从传播效果及社会影响力来说，这个时期应该是《新青年》杂志第1—9卷的高潮期，这和《新青年》杂志与北京大学共享社会革新力量的精英资源是分不开的。特别是此时的北京大学已然处于改革阶段，"蔡元培在国立北京大学由1917年开始推动的各种改革，其在'五四运动'发挥的重要性，不下于陈独秀之创办《新青年》。"[1] 也可以这样说，陈独秀被聘为北京大学文科学长和《新青年》杂志迁址北京亦是北京大学革新的结果。同时，北大的革新力量因此也拥有了自己的言论阵地，使新思潮和新文化由于汇集于此而影响力更强。

《新青年》迁址北京后新增的主要作者皆为北京大学教员。[2] 其简历如下：

章士钊（1881—1973年），湖南长沙人。留学国家：日

---

① 以下参阅陈万雄《五四新文化的源流》，生活·读书·新知三联书店1997年版，第2—20页。

② 同上。

本、英国。

从事革命活动简历：1902 年入读南京陆师学堂，在那里结识陈独秀。1903 年因集体退学风潮，到上海加入了蔡元培等组织的爱国学社。1904 年与杨笃生等组织以暗杀为主的"爱国协会"，任副会长。蔡元培、陈独秀曾加入该组织。1905 年赴日本留学。后又转赴英国。武昌首义，赶返回国。1913 年加入反袁行列，任讨袁军秘书长。欧战发生，与黄兴、陈独秀等组织"欧事研究会"，并任书记。1919 年参加西南护法政府。

从事报刊业简历：1903 年兼任《苏报》主笔。《苏报》案后与陈独秀等办《国民日日报》。武昌首义时期应邀主持《民立报》。后在上海参与创办《独立周报》。1914 年在日本与陈独秀等创办《甲寅》杂志。1917 年创办《甲寅》月刊，由李大钊、高一涵协助主编。稍后，任北京大学文科教授兼图书馆主任。

钱玄同（1886—1943 年），浙江吴兴人。留学国家：日本。

从事革命活动简历：1903 年冬因读章太炎的《驳康有为论革命书》，大受震动，第二年毅然剪去辫子，以示与清朝决裂。后加入同盟会。

从事报刊业简历：与章太炎办《教育今语》杂志，向大众灌输文字学国学和历史等知识，文字皆属白话文。1913 年应聘任北京高等师范学校国文教员，兼国立北京大学教授。1917 年任中华民国国语研究会会员。

蔡元培（1868—1941 年），浙江绍兴人。留学国家：德国、法国。

从事革命活动简历：1902 年，在上海成立"中国教育会"，被推任会长，帮助南洋公学退学学生组织爱国学校。1904 年加入章士钊等组织的暗杀团，与陈独秀共事。后光复会成立，被推任会长。1905 年同盟会成立，蔡元培被推为上海分会会长。武昌首义，民国成立，被任命为教育总长。唐内阁时，仍任教育总长。

从事报刊业简历：1903 年，创办《俄事警闻》。1904 年与章士钊等发刊《警钟日报》。1907 年后与人创办《新世纪》，宣传无政府主义。1913 年办《公论》报。1915 年在法国刊"法华教育会"，办《旅欧杂志》。1916 年底被任命为北京大学校长。

周作人（1885—1967 年），浙江绍兴人。留学国家：日本。

从事工作简历：1908 年，与许寿裳、钱玄同等随章太炎习国学，在立教大学攻读工科。1911 年返国。1912 年任浙江教育司视学，次年任绍兴教育会会长，另担任浙江第五中学教员。1917 年任北京大学文科教授兼国史编纂总编辑员。

从事报刊业简历：在南京水师学堂读书时，以"萍雪"女士笔名从事西方作品的翻译。在日本留学期间不时从事文学创作和翻译。1915 年主编《绍兴县教育会月刊》。

鲁迅（1881—1936年），浙江绍兴人。留学国家：日本。

从事革命活动简历：1903 年常在《浙江潮》上撰文，并加入有革命性质的"浙学会"。1908 年从章太炎习国学。加入光复会。

从事报刊业简历：1906 年夏弃医赴东京，要提倡新文艺。1909 年出版了与弟周作人合译的《域外小说集》，介绍西方文学。1912 年支持《越铎日报》的创办。后赴北京任教育部社会教育司第二科科长。1920 年夏被北京大学聘为文科讲师。

王星拱（1888—1949 年），安徽怀宁人。留学国家：英国。

受教育与工作简历：1908 年录取为安徽第一批公费留英学生，入读英国伦敦大学理工学院。1916 年获得硕士学位归国，被延聘入北京大学。推动新文化运动。

沈尹默（1882—1964 年），浙江吴兴人。留学国家：日本。

受教育与工作简历：1905 年留学日本 9 个月。1907 年在浙江高等师范学校的任教。1909 年与在杭州陆军小学任教的陈独秀交游密切。1913 年任北京大学预科教授。

就传播学意义上信源的"可信性效果"来说，信源的可信度越高，其说服效果越大；可信度越低，说服效果越小。《新青年》杂志迁址北京时期新增的主要作者皆为北京大学教员，信息内容的学术权威与同人作者的精神品格，使《新青年》杂志自此获得了迅速发展和扩大传播影响力的社会精英资源。特别是以陈独秀为主的同人作者们发挥自己在社会科学领域的权威优势，策划了一场声势浩大的"文学革命"，以此为契机，把新文化运动推向高潮。同时他们对于媒体传播的技巧也日渐成熟，在"文学革命"的倡导中利用北大一些保守的教员、研究员与学生的反对舆论，在《新青年》杂志平台上营造了拟态的正方反方的辩论场，聚集注意力，增强了新思想、新文化和新文学的传播力度。作为传播主体的《新青年》杂志的编辑作者也因此名声大噪，名留历史。《新青年》杂志的个性品牌因背靠北大获得最大增值，它借助自己的传媒优势很容易地吸纳和凝聚了全国的革新力量。

值得注意的是，《新青年》杂志迁址北京后，改变了由陈独秀一人编辑的办法，成立了编辑委员会，由陈独秀、周树人、周作人、钱玄同、胡适、刘半农、沈尹默7人任编委，实行轮值，每周一期。这种轮流编辑的办法，不仅加强了文化精英与《新青年》杂志的关系，而且激发了他们的责任感和创造性，使《新青年》思想文化启蒙的传播呈现多元竞发的景象。

特别是在这个时期发生的"五四事件"中，《新青年》的新思想和新文学舆论发挥了影响力，激醒了学生对国事及现代世界现实的关心，而且《新青年》杂志的同人编辑作者直接领导或参与了这场斗争，新知识分子领袖成为学生运动最坚定的支持者，蔡元培等其他大学校长的抗议和辞职，从精神上鼓舞了学生，陈独秀也在分发"北京市民宣言"时被捕。而当陈独秀1919年9月从监狱释放出来的时候，同人编辑作者如胡适、刘半农、李大钊在《新青年》杂志上发表诗文表示抗议。同人作者群由于在"五四事件"中共同的抗议精神而加强了团结，但在面对中国社会情势的变化，寻找一种积极理论解决中国现实问题方面，他们遇到了困难。

要说明的是，《新青年》第7卷第6号"劳动纪念节专号"的刊出比平时内容多，由此引发了陈独秀与群益书社的纠纷。群益书社决定出售时将每号价格由原来的2角增加到5角，招致陈独秀的不满，而这时的《新青年》杂志形成了自己的金字招牌，陈独秀就此成立新青年社，与群益书社分手。①

迁返上海、广州时期。1920 年春，随着陈独秀的南下，《新青年》杂志编辑部也迁返上海，后又迁往广州。《新青年》杂志的第 8、9 卷的主要编辑工作在上海、广州完成。此时的上海，伴随着中国社会产业结构的调整，大量产业工人涌入城市，加快了城市都市化的进程，形成上海第一次移民浪潮。移民中既有破产的江浙农民，也有到上海来寻找出路的年轻知识分子，他们已经形成上海主要的社会力量，使上海人口结构发生了革命性的变化。这些产业工人"无产阶级"化的过程也是与传统的宗族、血缘、土地关系断裂的过程，他们不得不接受新的生产方式下的生产关系，重新定位自己的角色。这个时候在刚到中国来的共产党"第三国际"秘密代表吴廷康的帮助下，陈独秀在上海组织"社会主义青年团"，与群益书社脱离关系的《新青年》杂志也由重组后的"新青年"社自行印刷发行。《新青年》杂志成为中国共产党的机关刊物。这时期的同人作者虽依然有胡适、鲁迅、周作人等，但他们的作品已不再是杂志所倡导的主流，而新加入的作者及其文章显然成为《新青年》杂志的主导与传播的重心。国家的危机与俄国十月革命的胜利使《新青年》杂志的编辑方针由此进入方向性的调整阶段。

新加入的主要作者有陈望道、李达、李汉俊、沈雁冰等。

---

① 贾兴权：《陈独秀传》，山东人民出版社 1998 年版，第 198 页。

陈望道（1890—1977年），浙江义乌人，留学国家：日本。①

从事革命活动简历：1915年陈望道留学日本，结识了日本著名进步学者、早期的社会主义者何上肇、山川均等人，开始接触马克思主义思潮。1919年"五四"运动爆发，他毅然返回祖国，在浙江第一师范学校任语文教员，参加提倡白话文、改革国文教育等活动，被当局撤职查办。当局撤换校长，动用军警解散学校，酿成了闻名全国的"浙江一师"流血事件。对此，陈望道感到要从根本上解决中国的问题，应该从制度上进行根本改革。1920年5月，他与陈独秀、李汉俊、李达等人组织了全国第一个马克思主义研究会，接着又参加了中国共产党的创立，成为最早的党员之一。11月又建立了社会主义青年团。1921年党的"一大"召开后，陈望道当选为中共上海地方委员会第一任书记。

从事报刊业简历：离开浙江一师后，陈望道在家乡潜心翻译了《共产党宣言》。1920年4月底，应邀来上海参加《新青年》的编辑工作。所译的《共产党宣言》此时由上海社会主义研究社正式出版。作为共产党宣言的第一个中文全译本，它对于传播马克思主义，推动社会主义运动在中国蓬勃发展，起了非常重要的作用，同时也为中国共产党的创立奠定了思想基础。同年12月，陈望道主持《新青年》的编务工作，并致力于马克思主义的传播活动同工人群众运动相结合。

---

① 参见复旦大学语言文学研究所编《陈望道先生诞辰百周年纪念文集》，浙江教育出版社1992年版。

李达（1890—1966 年），湖南零陵人，留学国家：日本。①

　　从事革命活动简历：在日本留学期间，李达勤奋钻研马克思主义。1920 年回国后，与陈独秀、李汉俊共同发起组织上海共产主义小组。1921 年 2 月起，代理上海共产主义小组书记职务，积极筹备中国共产党第一次全国代表大会。1921 年 7 月 23 日，中共"一大"开幕，他是代表之一。"一大"会上，李达当选为中共中央宣传主任。1922 年 7 月，出席中共"二大"，当选为中央委员。

　　从事报刊业简历：1920 年主编中国共产党第一个党刊——《共产党》月刊，并参与《新青年》杂志的编辑工作。1921 年 9 月，李达主持中共创办的第一个出版社——人民出版社的工作。后李达主编《新时代》杂志，连续发表《何谓帝国主义》、《马克思学说与中国》等文章，阐述"二大"宣言的基本精神。

　　李汉俊（1890—1927 年），湖北潜江人，留学国家：日本。②

　　从事革命活动简历：早年留学日本。1918 年底回国。1920 年 8 月和陈独秀共同发起组织上海共产主义小组，后去武汉帮助筹建武汉共产主义小组。1921 年代表上海小组出席中国共产党第一次全国代表大会。

　　从事报刊业简历：回国后，在上海从事撰述和翻译，宣传新文化和马克思主义。1920 年创办《劳动界》。

---

　　① 《辞海》历史分册（中国现代史），上海辞书出版社 1984 年版，第 202 页。

　　② 同上书，第 133 页。

沈雁冰（1896—1981），浙江桐城县人，留学国家：日本（1927年去日本）。①

从事革命活动简历：积极参加五四运动。1921年参与创办文学研究会，同年加入中国共产党。

从事报刊业简历：1916年北京大学预科毕业后进上海商务印书馆编译所工作。1920年曾任《小说月报》"小说新潮栏"编务，1920年11月接编并革新《小说月报》。

可以看出，《新青年》杂志新加入的编辑作者都是信仰社会主义的，是马克思主义的传播者，也是中国共产党的缔造者。杂志着力于对社会主义、马克思主义的宣传，关注于实际的工人运动，并对俄国革命表现出极大的热情和追随的姿态，其第8卷第1—6号及第9卷第3号特开辟了"俄罗斯研究"专栏。《新青年》杂志随着陈独秀、李大钊等由民主主义走向社会主义而进入了质变阶段，同人作者群也进入分化时期。胡适在《新青年》杂志的中前期的新文化运动中做出了杰出的贡献，但对《新青年》杂志传播马克思主义持反对态度。② 周作人也由《人的文学》和《平民文学》退到《自己的园地》。③ 其实这种分化除了个人自身的综合因素和社会环境的发展变化之外，在《新青年》杂志创办之初就蕴涵了这种基因，正如胡适在1932年所回忆的：在民国六年，大家办《新青年》的时候，本有

---

① 孔范今主编《二十世纪中国文学史》，山东文艺出版社1997年版，第654页。

② 参阅陈万雄《五四新文化的源流》，生活·读书·新知三联书店1997年版，第2—20页。

③ 同上。

一个理想，就是二十年不谈政治，二十年离开政治。^① 也可以说正是这种"不谈政治"和"离开政治"使胡适等知识分子以重新估价中国的传统文化和介绍西方思想观念的理念聚集在《新青年》杂志，使《新青年》杂志在新文化运动中有了强大的统一战线的支持。

总之，通过有关他们个人资料的介绍可以看到，《新青年》杂志1—9卷同人作者群具有共同的文化启蒙理想，都热衷于报刊业，除胡适、周作人、王星拱、沈尹默外，他们还都有共同的革命倾向和革命行为，都善于把报刊和革命相结合，都是革命者兼文化思想家，除此之外，他们中的绝大多数都有相同的在日本留学的背景，在对外文化吸收和借鉴上有更多的同质因素，同时他们这种开放的现代文化知识分子姿态也引领了中国新文化发展的思潮。值得注意的是，《新青年》杂志创刊之前和《新青年》杂志自8—9卷转向后，同人作者所从事的革命活动的性质已发生了变化，前者更多的是辛亥革命范畴内的资产阶级民主革命，后者则是社会主义革命的一部分了。在中国历史具体的社会进程中，《新青年》杂志及其编辑作者在焦虑的社会氛围中也经由上海初创时期、迁址北京时期的启蒙而在迁返上海时期转向救亡了，《新青年》杂志本身也由一份同人杂志嬗变为政党报刊了。

---

① 参阅陈万雄《五四新文化的源流》，生活·读书·新知三联书店1997年版，第2—20页。

二 发行渠道与广告营销

经营报纸杂志，就是经营注意力，常见的有两种商业模式：一种模式是杂志以高于成本价格出售，利润的回报主要来自于杂志的销售发行，以信息的销售为主，广告收入只是杂志社收入的次要部分，杂志经营的压力主要在编辑部；另一种模式是以低于成本价销售杂志，或免费向读者赠送杂志，以大规模占领读者，扩大发行量为目标，吸引客户投放广告，以广告的营销为主，利润的回报主要来自于广告，杂志经营的压力也主要在广告发行部门。广告的营销就是利用读者投放在杂志上的注意力的量以及注意力可持续停留的时间，是对杂志读者资源的再经营。而就杂志的发行量和广告营销的关系来讲，广告营销是以杂志的发行量为基础的，广告价位的高低依赖于杂志发行量的多少。只有把杂志办好，以内容取胜，拓宽发行渠道，杂志的发行规模才能扩大，可持续发展能力强，广告价位才能提高。就陈独秀创办《新青年》杂志的目的在于新思想的传播来看，《新青年》杂志的收入主要依靠杂志的销售，广告收入则居于次要地位。商业模式应该属于第一种，这一点，也可以从如下《新青年》杂志广告页码数量统计表得到佐证，而且当时中国的商业化程度并不高，杂志的广告营销受到商业化水平的限制，以杂志销售为主，广告销售为辅，成为当时大多数图书杂志的经营定位。而以杂志销售收入为主的商业模式，对于信息本身是否吸引注意力的要求较高，因此杂志话题策划就成为杂志运作的重中之重。《新青年》杂志策划的"文学革命"能获得成功的传播效果不排除来自经营的压力。

发行渠道

陈独秀和亚东图书馆的创办人汪孟邹同是安徽人,又是朋友。陈独秀很早就想办个杂志让亚东图书馆负责印刷和发行,但时值亚东图书馆生意清淡,经费困难,而且又代理了《甲寅杂志》自第 5 号起的印刷发行,难以再承担《新青年》杂志的印行,这样汪孟邹就介绍同业老友陈子沛、陈子寿兄弟开办的群益书社承担《新青年》杂志的印刷发行,杂志每月出一本,每月编辑和稿费 200 元。[1] 稿酬支付标准是或撰或译的稿件一经选登俸酬现金每千字自二元至五元。[2]《新青年》杂志一册约 100 个页码,如果 1 个页码按 1000 字计算,每千字稿酬按二元计,那么群益书社月供 200 元的编辑经费和稿酬支出不仅紧张,如杂志运作不善,命运也难以为继。这样就使作为主编的陈独秀在杂志内容策划上要创新,要惊人,只有如此才能增加发行量,才能吸引更多付费广告的投放,提高广告价位,缩短投资期,尽快步入收益阶段。而《新青年》杂志支付作者稿酬的情况,也只延续了 1—3 卷,在第 4 卷第 3 号"本志编辑部启事"里便声明:"本志自第四卷一号起。投稿章程,业已取消。所有撰译,悉有编辑部同人,共同担任,不另购稿。其前此寄稿尚未录载者,可否惠赠本志。尚希投稿诸君,赐函声明,恕不一一奉询。此后有以大作见赐者。概不酬资。录载与否。原稿恕不奉

---

① 贾兴权:《陈独秀传》,第 68 页。
② 《新青年》杂志第 1 卷第 1 号"投稿简章"。

还。谨布。"这则启事说明《新青年》杂志迁址北京后,背依北京大学精英社会资源,优秀稿件来源相当丰富,但同时也说明编辑经费还是相当紧张。

　　《新青年》杂志定价一册二角;半年六册一元;全年十二册二元。邮购者按照定价七折计算,邮资由购书人自负。①《新青年》刚出版时,销路甚少,连赠送交换的在内,每期约印千余份。随着新文化运动的日益开展,《新青年》的影响也越来越大,销路也剧增,最高时期每期可达一万五六千份,成为青年们的抢手货。② 如果从投资方群益书社月供 200 元来讲,仅从发行量在万份以上来看,已略有盈余。

　　群益书社是《新青年》杂志的总发行所,各埠各大书房为杂志的分发行所。《新青年》杂志在 1—9 卷中注重附录登载各埠代派处名单,发行渠道延伸到内地的成都、边界上的云南奉天,触角甚至探寻到如梁山这样的小镇,而且在国外也有自己的发行代办处。值得注意的是《新青年》杂志第 8 卷、9 卷成为中共上海发起组的刊物,已改为由自己组建的"新青年社"来印行,加强了中共发起组在组织上、经济上对《新青年》杂志的控制。截止到第 9 卷发行时,《新青年》在全国 38 个大中城市(包括香港)设有 95 个代销点,并在国外设有代派处,这样在国内外组建了较为系统的发行网络。③ 从第 8 卷开始登载的"本报代派处一览"和前 7 卷"各埠代派处"比较,《新青年》杂志在发行渠道建设思路有

---

　　① 《通信购书章程》,《新青年》杂志第 1 卷第 1 号。

　　② 参见贾兴权:《陈独秀传》,山东人民出版社,第 73 页。

　　③ 参见方汉奇主编《中国新闻事业通史》第 2 卷相关章节,中国人民大学出版社 1996 年版。

了新的调整。如在第九卷第 5 号封底"本报代派处一览"中可以发现对代派处做了如此分类:甲、本市;乙、外埠;丙、国外(欧洲总代派处巴黎中国书报社、日本东京神田北神保町十中国青年会内东方书报社);丁、伊文思图书公司外埠各特约分售处代办本报。这样分类说明了《新青年》杂志发行渠道已具有相当的规模,发行管理也日趋规范,杂志的代派由最初的各埠各大书房发展到由本市、外埠、国外更具规模的出版社、书局、图书公司来代理。

徐宝璜在《新闻学》中这样谈到新闻纸推销的重要性,他说,"一报之销路,与其生命大有关系。销路广者,势力雄厚,广告发达;销路狭者,势力薄弱,广告不旺"①。《新青年》杂志的推销同样如此。因此杂志发行渠道的建设和经营是杂志生存的关键,但前提是杂志必须坚持内容制胜的原则,内容为王,这是杂志生存发展的根本之根本。

广告营销

广告营销作为对杂志发行量所带来的读者注意力的二次售卖,其收入所得往往超过杂志销售。对此,徐宝璜谈道:"新闻纸最要之收入,为广告费,至其卖报所得,尚不足以收回其成本,此世所熟知者也。故一报广告之多寡,实与之有莫大之关系。广告多者,不独经济可以独立,毋须受人之津贴,因之言论亦不受何方之缚束,且可扩充篇幅,增加材料,减轻报资,以扩广其销路。又广告登载得当,其为多数人所

---

① 徐宝璜:《新闻学》,时代文艺出版社 2009 年版,第 102 页。

注意也，必不让于新闻。"①

而在"新青年社"作为实体运作之前的《新青年》杂志第7卷之前，信息编辑和广告发行的职责划分清晰，这也是一般报刊的运作方式。《新青年》杂志第6卷第6号的"本报启事"说明了这一点："凡与本报交换的月刊周刊等，请寄北京北池子箭竿胡同9号本报编辑部。各报与本报交换的广告，请寄上海棋盘街群益书社本报发行部。敬求注意!"

从《新青年》杂志1—9卷影印本来看，杂志登载的广告大概分三类：一是《新青年》杂志利用自己的媒体平台刊登促销自己的广告；二是《新青年》杂志同其他报刊交换的广告；三是商家付费广告。《新青年》杂志每卷1—6号刊载自己的公告、促销广告约在20个页码左右，广告中的大多数是交换广告与商家付费广告。从杂志创刊第1卷第1号伊始，广告作为杂志第二条生命线就备受重视，"广告价目，另有详章"。因此，1卷广告页码相对数量居9卷之首（第7卷因"劳动节纪念号"扩版，页码比其余8卷增加一倍，其广告页码数量比第1卷增加10个页码，见表1-1）。《新青年》杂志交换广告在广告中占有一定的比例，在第6卷第6号"本报启事"中即有"各报与本报交换的广告，请寄上海棋盘街群益书社本报发行部"的消息，紧接着在第7卷第1号又特地重发了"交换广告的请注意!"的消息："现在杂志种类既多，交换广告的事，很繁重了。广告原稿款式不合的，须要代为排列，排列工夫过大，于印出日期，很有妨碍。以后各报寄与本志的广告，请列成

---

① 徐宝璜：《新闻学》，第85页。

直式，因为本志以后的广告，都要排直式的缘故。交换广告，也请寄本志发行所。"此消息发布字体是加黑加大，所占版面也较大，比较醒目。这说明《新青年》杂志的影响越来越大，要求交换广告的越来越多。也正是在第7卷，杂志的广告页码数量绝对数最高（见表1-1）。而就《新青年》杂志第1卷创刊伊始，很多商家考虑到《新青年》杂志会做一些宣传促销的活动，会引起很多人关注，因此第1卷的广告投放量相对于其他9卷是最多的，第7卷因为杂志扩版而致广告页码绝对数量位居9卷之首，而其他各卷广告页码数量波动并不大，这说明《新青年》杂志刊载的广告量受发行量的影响较小（见图1-1）。

表1-1是《新青年》杂志1—9卷各卷登载广告的页码数量统计，《新青年》杂志为自己作的广告页码未统计在内，本广告页码数量统计表包含社会公益活动及征文广告，也包含在文章内页插排的广告，主要的还是交换广告和付费广告。

表1-1　1—9卷广告页码数量统计

卷号	1卷	2卷	3卷	4卷	5卷	6卷	7卷	8卷	9卷
广告页码数量	124	80	88	61	80	80	134	79	89

《新青年》杂志广告以书籍广告居多，也有"学会"简章之类。广告设计多以文字为主，常见的是字体的加黑加大，间或有少量插图。由于印刷设备技术及媒介形态的限制，在广告的设计上只能着重在广告词用语上下工夫，如在《新青年》杂志中多次出现的"精益眼镜公司"广告词中即有如此

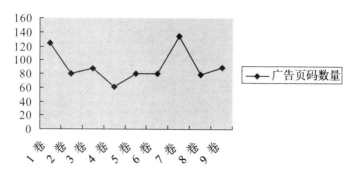

图 1-1   1—9 卷广告页码曲线

借体发挥之语"人之视觉为司全体最重要之部分，苟有目光不足等弊病，非但与新青年之思想有莫大之阻碍，且与精神上之愉快亦受影响"。同样在《新青年》杂志上做广告的《济南齐鲁书社广告》中也有"本社开办以来，就抱定了宣传文化的宗旨，凡各处有价值的出版物——新青年丛书——无论是季刊、月刊、半月刊、旬刊、周刊、日刊……无不乐意代售……"① 从此可以看出就连广告也在积极为新文化运动服务，这和《新青年》杂志传播新文化新思想的定位浑然一致，形成特色。但是就《新青年》杂志上所刊登的新书刊广告来看，图书杂志的竞争也是相当激烈，因此话题策划必须不断翻新，才能扩大杂志的发行量，加强读者对于杂志的忠诚度，从而使拉动广告量的增加与广告价位的提高成为可能。

① 《济南齐鲁书社广告》，《新青年》第 9 卷第 4 号。

三　封二广告刊录统计

通过对《新青年》杂志封二广告刊录信息的抽样统计，可以从一种角度、一个侧面、一个系统来研究《新青年》杂志广告营收状况及其对《新青年》杂志传播影响力的影响以及《新青年》杂志身处被赋予历史使命的嬗变轨迹，见表1-2。

表 1-2

卷	号	封二广告信息	备注
第1卷	第1号	广告名称：《英汉词典》的内容特色、定价（皮装定价2元、绸装1元5角）以及英汉词典的出版社信息（群益书社）和发行所	
	第2号	同第1卷第1号	
	第3号	广告名称1：《中学英汉新字典》的内容简介、定价以及出版社信息（群益书社）广告名称2：《普通英华新字典》的内容简介、定价以及出版社信息（群益书社）	
	第4号	广告名称：《法律经济词典》、《货币论》、《社会经济学》的内容简介及其定价、出版社信息（群益书社）	
	正月号	广告名称：《国民经济学原论》的内容简介、定价以及出版社信息（群益书社）	
	第6号	广告名称：《最新英文典》的内容简介、定价以及出版社信息（群益书社）	

文学革命与《新青年》传播

卷	号	封二广告信息	备注
第2卷	第1号	广告名称：英文书翰论的内容简介、定价以及出版社信息（群益书社）	
	第2号	同第1卷第1号	
	第3号	广告名称：《英汉双解词典》的内容简介、定价以及出版社信息（群益书社）	
	第4号	同第1卷第1号	
	第5号	同第2卷第3号	
	第6号	同第1卷第1号	
第3卷	第1号	同第1卷第1号	
	第2号	同第2卷第3号	
	第3号	同第1卷第1号	
	第4号	同第2卷第3号	
	第5号	同第2卷第1号	
	第6号	广告名称：《商业簿记》的内容简介、定价以及出版社信息（群益书社）	
第4卷	第1号	广告名称：中学校用数学教科书的内容简介、定价以及出版社信息（群益书社）	
	第2号	同第3卷第6号	
	第3号	同第2卷第3号	
	第4号	同第4卷第1号	
	第5号	广告名称：湖南名笔的种类及定价，群益书社精制发行	
	第6号	同第4卷第5号	

卷	号	封二广告信息	备注
第 5 卷	第 1 号	空白	广告更改至杂志目录后，同第 4 卷第 1 号
	第 2 号	空白	广告改至杂志目录后，同第 1 卷第 1 号
	第 3 号	空白	广告改至杂志目录后，同第 2 卷第 3 号
	第 4 号	空白	广告改至杂志目录后，同第 4 卷第 1 号
	第 5 号	空白	广告改至杂志目录后，广告名称：《每周评论》出版广告及其内容简介
	第 6 号	空白	杂志目录后，本志启事一、本志启事二

卷	号	封二广告信息	备注
第6卷	第1号	空白	杂志目录后,本杂志第6卷分期编辑表
	第2号	空白	杂志目录后,《新青年》编辑部启事
	第3号	空白	杂志目录后,为杂志正文内容
	第4号	《新青年》记者启事——女子问题	
	第5号	《新青年》自1卷至5卷再版预约及其预约说明、预约办法、注意事项	
	第6号	本报启事之各报与本报交换的广告,请寄上海棋盘街群益书社本报发行部 胡适启事之其《尝试集》出版时间及该书出版归上海亚东图书馆发行	

卷	号	封二广告信息	备注
第7卷	第1号	广告名称：新青年合装本全五册再版，常装和精装本价目。群益书社印行	
	第2号	同第7卷第1号	
	第3号	广告名称：英字方笺的内容简介及价目表，群益书社印行	
	第4号	广告名称：国民经济学原论再版预约，款式、价值及寄费。群益书社印行	
	第5号	同第7卷第4号	
	劳动纪念号	《劳工神圣》——蔡元培题	
第8卷	第1号	广告名称：新青年社编辑部白，新青年丛书陆续复印预告；北京晨报社启事，本社丛书已印行者	
	第2号	同第8卷第1号	
	第3号	广告名称：岫庐公民丛书的种类、价目，发行所群益书社、伊文思图书公司；新青年社编辑部白，新青年丛书陆续复印预告	
	第4号	同第8卷第3号	
	第5号	同第8卷第3号	
	第6号	广告名称：社会主义思潮及运动复印预告；岫庐公民丛书的种类、价目，发行所群益书社、伊文思图书公司	

续表

卷	号	封二广告信息	备注
第9卷	第1号	广告名称：请用先施公司自制修饰香品推销；岫庐公民丛书的种类、价目，发行所群益书社、伊文思图书公司	
	第2号	同第8卷第6号	
	第3号	广告名称：共产党月刊社启事要目及定价，发售所广州共和书局；岫庐公民丛书的种类、价目，发行所群益书社、伊文思图书公司	
	第4号	广告名称：《新青年》丛书出版广告种类、价目及发行所新青年社	
	第5号	广告名称：《新青年》前号要目及定价，总发行所新青年社，分售处商务印书馆、中华书局	
	第6号	新青年社特别启事，社地址迁移及本社所出版的《新青年》和各种丛书上海方面已托商务印书馆、伊文思图书公司代售	

50

季刊	封二广告信息	备注
第1期	广告名称：本志启事，改为季刊说明及补邮寄《新青年》杂志声明；前锋创刊号出版，要目及定价，总发行所广州平民书社	
第2期	广告名称：上海书店广告、上海书店启事；《新青年》季刊第1期，特号共产国际号及其要目	

季刊	封二广告信息	备注
第3期	广告名称：《新青年》季刊第1期，特号共产国际号及其要目；《新青年》季刊第2期，目次；上海书店广告	
第4期	广告名称：《新青年》季刊共产国际号第1至3期要目；上海书店广告	

号	封二广告信息	备注
第1号	广告名称：《新青年》季刊共产国际号第1至4期要目	
第2号	空白	
第3号	广告名称：《新青年》第1号列宁号目次；《新青年》第2号目录	
第4号	广告名称：《新青年》第1号列宁号目次；《新青年》第2号目次。《新青年》第3号目次	
第5号	同上，第4号	

从以上统计可以看出，《新青年》杂志作为文化期刊，登载的广告信息比较单一，多和图书期刊相关，也有些许和读书人相关的用品，比如眼镜、书签、毛笔等。

《新青年》杂志第6卷之前登载的图书广告信息基本都是群益书社内部图书期刊的推销，间或有《新青年》杂志自身的广而告之，且广告种类少，循环登载的多。《新青年》杂志第6卷之后所登载的图书期刊广告信息虽有其他出版发行社加入，但广告信息越来越少，广告指向也越来越明确，专门登载启蒙和救亡的图书期刊信息。

四 读者定位与信息反馈

1. 读者定位

受众与传媒是大众媒体进行传播过程的重要两极，传媒本身的发展正是这两极相互作用的结果，而在市场经济环境下，传媒的受众定位就成为决定传媒生存的关键。《新青年》杂志的受众也即读者定位相当明确，杂志的名称就是杂志读者的定位，开宗名义。而作为受众的"青年"群体本身就适合了《新青年》杂志作为大众传媒的一种，它的传播对象同样具有大面积、跨阶层和"不定量多数"的特性，更为重要的是，《新青年》的读者定位不是一般的"青年"而是"新青年"，一个"新"字的界定，就使《新青年》杂志的读者在精神上提高了一个层次，更具针对性和号召力，在当时社会转型期多元思潮竞发的社会环境下，满足了青年一代渴望引导的心理，因为"新"一般意义上代表了社会前进的方向，是进步和发展的标示，而青年自身就是发展，就其个性倾向来说，青年群体的自身属性规定着他们对媒体信息较为强烈的兴趣、感情、态度和看法，是传媒更具有潜在的"可说服性"的受众群体。尽管事实上《新青年》杂志自第2卷之后才由《青年杂志》改名为《新青年》，尽管改名的缘由似乎是处于被动（原因是《青年杂志》和上海基督教青年会办的《上海青年》名字雷同，应该改名，免得有冒名的嫌疑），但是，就是因为这次杂志的改名使《新青年》由一个一般的青年期刊成为具有时代精神导航的特色杂志，定位更为鲜明。

《新青年》杂志读者定位于"新青年"的成功，也正切合了当时先进思想界的主流，亦即1898年近代思想家严复翻译出版的《天演论》在20世纪初的广泛传播，特别是"物竞天择，适者生存"的进化论基本观点尽管有其局限性但对知识分子的影响至深，甚至进化论已然成为当时解释社会现象的理论基础，而新青年则是社会新陈代谢而适于今世生存竞争的主力。陈独秀在《新青年》杂志发文中不断强调演绎进化论的思想，赋予《新青年》读者定位强烈的社会历史责任。这一点在《新青年》杂志第1卷第1号的"社告"中已直陈了该杂志的读者定位及杂志创办的目的，而且陈独秀在《新青年》杂志第1卷第1号头条文章《敬告青年》一文中以进化学说为根据，指出："新陈代谢，陈腐朽败者无时不在天然淘汰之途，与新鲜活泼者以空间之位置及时间之生命。人身遵新陈代谢之道则健康，陈腐朽败之细胞充塞人身则人身死；社会遵新陈代谢之道则隆盛，陈腐朽败之分子充塞社会则社会亡。"强调"其不能善变而与之俱进者，将见其不适应环境之争存，而退归天然淘汰已耳"。因此陈独秀创办杂志旨在新青年，通过杂志传媒营造的"意见环境"对受众施加影响，使受众通过媒体构筑的"象征性现实"在提示性信息的引导下，强化对当时社会客观环境的认识，达到唤醒青年、唤醒国民觉醒的启蒙目的。

《新青年》杂志读者定位于新青年，其成功因素中还有一个不容忽视的是，青年群体更适于担当"意见领袖"的责任。所谓"意见领袖"，指的是"在传播学中，活跃在人际传播网络中，经常为他人提供信息、观点或建议并对他人施加个人影响的人物"①。在媒体传播过程中，"意见领袖"担当信息和影响的中继和过滤环节，对媒体传播效果的产生起到重要作用。而青年无论在家庭群体还是在社会群体中，都是担当承上启下的重任，是家庭和社会的中坚力量，是家庭和社会生存发展的支柱，对周围的环境和人有着天然的说服力和信赖感，他们年轻而见多识广，对信息接触频率高、信息量大，特别是分布于社会的各个阶层的青年精英亦即"新青年"者，他们的观点和意见更具有说服力，他们在横向传播状态中通过施加个人影响的方式，影响被影响者。

《新青年》杂志把"新青年"作为杂志的受众，作为创办杂志的宗旨，是 19 世纪末以来中国现代启蒙运动启动影响的结果，是对现代启蒙的先导梁启超"制出将来之少年中国者，则中国少年之责任也"② 启蒙对象主体的传承，使《新青年》杂志传播拥有了良好的社会基础，因为当陈独秀《敬告青年》一文在《新青年》杂志第 1 卷第 1 号头条刊出的时候，相信梁启超的《少年中国说》言犹在耳："少年智则国智，少年富则国富，少年强则国强，少年独立则国独立，少年自由则国自由，少年进步则国进步，少年胜于欧洲，则国胜于欧洲，少年胜于地球则国胜于地球。"这种把启蒙主体和国家命运系于一体的思想正是中国传统知识分子忧国忧民的爱国情怀在不同的历史进程中的演绎，"青年之

---

① 郭庆光：《传播学教程》，中国人民大学出版社 1999 年版，第 209 页。

② 梁启超：《少年中国说》，载《饮冰室合集》第 1 册。

于社会，犹新鲜活泼细胞之在人身"①，"以青春之我，创建青春之家庭，青春之国家，青春之民族，青春之人类，青春之地球，青春之宇宙"②，在这里，现代启蒙者把青年与民族的命运紧紧相连，从民族的发展，民族的自立自强来呼唤青年的精神，让青年人发现自己是青年，让年长者勿以年长而衰。

要强调的是，《新青年》杂志所谓"新青年"并不仅仅指自然年龄范围中的，更多的是指在传统社会历史中蝉蜕出的一种基于民族特定美质的个人青春状态，精神活力。对此，陈独秀谈道："自年龄言之，新、旧青年固无以异；然生理上、心理上，新青年与旧青年，固有绝对之鸿沟"，所以他强调："慎勿以年龄在青年时代，遂妄自以为取得青年之资格。"③ 青年中的精神老化现象已成为社会转型中的障碍，在《敬告青年》一文中，他痛切地指出："吾见夫青年其年龄而老年其身体者十之五焉；青年其年龄或身体而老年其脑神经者十之九焉。"究其原因，乃是在中国，"少年老成"成为社会长期以来对青年的期许，是中国长期自给自足的农业经济对经验的看重，是相对封闭状态中的社会传统文化的积淀，而和英美人的"年长而勿衰"的价值标准相反。陈独秀认为正是英美人这种相互勉励"年长而勿衰"的社会价值趋向，使他们的民族呈现出创新的青春姿态。因此，陈独秀在《敬告青年》一文中提出了对于青年的期望，陈述了

---

① 陈独秀：《敬告青年》，《新青年》创刊号。

② 李大钊：《青春》，《新青年》第 2 卷第 1 号。

③ 陈独秀：《新青年》，《新青年》第 2 卷第 1 号。

青年"六议"，也可以说是新青年的六条标准：一、自主的
而非奴隶的；二、进步的而非保守的；三、进取的而非退隐
的；四、世界的而非锁国的；五、实利的而非虚文的；六、
科学的而非想象的。接着，在《新青年》第2卷第1号头条
《新青年》一文中，陈独秀更从生理上体能上指出"自生理
言之，白面书生，为吾国青年称美之名词，民族衰微，即坐
此病。美其貌，弱其质，全国青年，悉蒲柳之资，绝无桓武
之能，艰难辛苦，力不能堪。"这是自鸦片战争以来，面对
列强的欺凌局势现代启蒙者的自我追问，期望铸塑出一种
"势将以铁血洗此浃髓沦肌之奇耻大辱"的勇武精神，铁血
意志。针对于此，《新青年》杂志以图文并茂的形式介绍了
"德国军神——兴登堡元帅"、"法国名将——霞飞将军"、
"德国骁将——麦刚森将军"以及各国童子军概况。

　　粗略统计，在《新青年》杂志（1—9卷）发表的以
"青年"二字作为关键词的文章计有34篇，其中不包括同题
文章的连载部分，不包括诸如"自由恋爱"、"婚姻家庭"、
"男女社交公开"、"男女同校"、"大学教育"、"工读自助"、
"游学指南"等方方面面与青年生活相关的话题和讨论以及
对各国"少年团"、"童子军"的介绍。①

　　值得注意的是，随着《新青年》第8—9卷办刊宗旨和
编辑方针的调整，杂志面对的受众也发生了变化，由以知识
分子为主的新青年转向了普通工农大众。

---

① 王桂妹：《五四文化激进主义与中国文化现代转型》（山东大学2003年
博士论文）。

2. 信息反馈

大众传媒的传播过程是一个动态的、互动的过程，而反馈作为大众传媒传播过程中实现互动的关键一环，历来是大众传媒所重视的，只有建立良好的反馈机制，才能使大众传媒的传播过程由直线式转入循环式，才能使传播主体和客体始终处于激活状态，尽可能多地实现双向交流。所谓"反馈"就是"指受传者对接收到的讯息的反应或回应，也是受传者对传播者的反作用。获得反馈讯息是传播者的意图和目的，发出反馈讯息是受传者能动性的反映"。[①] 在当时电子通信不甚发达的情况之下，杂志作为纸媒介从读者那里获得反馈信息的方式主要是编读之间的信件往来，"通信"成为杂志与读者之间交流的桥梁。因此，《新青年》杂志自创刊之日起就设置了"通信"一栏增进与受众即读者的交流，并且在"社告"中特别强调"本志特开通信一门，以为质析疑难发抒意见之用。凡青年诸君对于物情学理有所怀疑，或有所阐发，皆可直缄惠示。本志当尽其所知，用以奉答。庶可启发心思，增益神志"。在这里，"通信"专栏即是杂志对外进行售后服务和解答读者来信的服务性栏目，又是杂志的编辑作者感知社会的窗口，了解青年思想和民意的场所，是杂志传播效果的测量计。《新青年》杂志的编辑作者正是通过"通信"一栏直接了解读者对于杂志传播的信息的态度和效果，根据读者信息的反馈及时调整编辑思路，同时也借助"通信"一栏及时捕捉社会关注的焦点和青年的思想状况。

---

① 郭庆光：《传播学教程》，中国人民大学出版社 1999 年版，第 59 页。

　　《新青年》作为杂志媒体的传播特点，决定了读者信息反馈的延迟性。《新青年》杂志创刊上海时期，其"通信"一栏由最初读者咨询求学、学外文及习拳术等事宜，逐渐过渡到以《新青年》杂志发表的文章引发的编者与读者、读者与读者进行的讨论，期间，在"通信"一栏引发读者关注的主要有《新青年》第1卷第3号发表的陈独秀《现代欧洲文艺史谭》一文，第1卷第4、6号刊载了读者张永言对此文章反的两封来信。只是陈独秀就张永言结合中国文学状况的提问回答的较为简略，没有展开深度交流。尤其值得注重的是，陈独秀在杂志创刊时发表的《敬告青年》一文及第2卷第1号《新青年》更名时发表的《新青年》一文在读者中引起了持续不断的讨论，其中读者莫芙卿提出的有关青年的早婚问题及青年成长的六要素都是令人深思的。更加上李大钊《青春》一文的再度烘托，吴稚晖《青年与工具》的警示，使青年的启蒙，国民的启蒙成为杂志的焦点，从而引导社会舆论进而成为社会的焦点。读者对《新青年》杂志的反应，从北京高等师范预科班的读者在《新青年》杂志第2卷第4号"通信"一栏的所言即可窥见一斑："前从友人处假得新青年二卷一二两号读之，伟论精言发人深省。当举世浑浊之秋，而有此棒喝，诚一剂清凉散也。"读者来信越来越多，这可从杂志记者对读者来信回复简要，选登读者来信主题明确即可推论。因此，《新青年》杂志自第2卷起，新开"读者论坛"一栏，容纳社外文字，为读者增设论坛，供读者自由发表意见。

　　《新青年》编辑部迁址北京后，更加注重"通信"一栏的建设。因此，就篇幅与数量而言，"通信"在杂志中的地位相当可观，常常占到整本杂志的四分之一甚至三分之一，而且信件积压成了问题。① 从第 2 卷第 6 号起，编辑在编排"通信"一栏的信件时就给来信加了标题，甚至对信件整理编辑后设定"通信"一栏的主题，如"女子问题"就是杂志自第 2 卷第 6 号至第 3 卷第 1、3、4 号"通信"一栏的主题。而且，自第 4 卷以后，"通信"栏的有些信件被加上标题刊登在杂志封面的"要目"中。自第 2 卷始倡议的文学革命成为这个时期"通信"栏最热烈讨论的问题，关于新文学、文字改革的讨论从第 4 卷起一直延续到第 6 卷。特别是在第 4 卷第 3 号"通信"一栏，钱玄同化名王敬轩和记者身份的刘半农合演了一出"双簧"戏，把有关"文学革命"的激烈讨论引向高潮。

由于《新青年》杂志自第 4 卷开始"所有编译，悉由编辑部同人共同担任，不另购稿"，取消"投稿章程"，这样活跃在"通信"一栏的讨论者主要就是《新青年》杂志的同人编辑作者，讨论的问题也由社会启蒙侧重于学术研究了。诚如在第 5 卷第 3 号"通信"栏署名"Y．Z"的读者所言："贵志的通信栏，不过一个雄辩场罢了，没有一些商榷的事情。我想我们中国正有无数青年男女，要与诸君商榷种种要事；你们可以新辟一栏么？"说明这时期的信息反馈局限于同人编辑作者之中，一般读者已经难以涉足。在《新青年》第 5 卷第 5 号"通信"一栏鲁迅（唐俟）致钱玄同的《渡河与引路》的信件里，即可见鲁迅对待"通信"一栏的态度。

---

① 李宪瑜：《"公众论坛"与"自己的园地"》，载陈平原、山口守《大众传媒与现代文学》，新世界出版社 2003 年版，第 268 页。

鲁迅在说了"《新青年》里的通信，现在颇觉发达。读者也都喜看"之后，接着说"《新青年》里的通信……只须讲诚恳切实的讨论，按期登载；其他不负责任的随口批评，没有常识的问难，至多只要答他一回，此后便不必多说，省出笔墨，移作别用。例如见鬼，求仙，打脸之类，明明白白全是毫无常识的事情，《新青年》却还和他们反复辩论，对他们说'二五得一十'的道理，这工夫岂不可惜，这事业岂不可怜"。然而，若在《新青年》杂志"通信"一栏把新文学、新思想的讨论引得更加深入，会使杂志读者减少，会使《新青年》杂志作为大众传媒失去它的社会意义和传播基础。自第7卷后，随着编辑方针的调整，《新青年》"通信"一栏的讨论，也逐渐演化为具体的社会问题。

《新青年》编辑部迁返上海、广州后，随着社会形势的发展，同人编辑作者的思想发生了变化，杂志所刊载的话题，渐渐由思想启蒙、学术研讨转向了社会救亡与革命实践，"通信"一栏的讨论主题也随之发生了变化，劳工问题、马克思学说、无产阶级专政问题、工人教育问题成为"通信"一栏的论题，虽然杂志依然刊载新文学作品及一些文化启蒙的文章，但读者对文学革命文化启蒙已有了不同的态度，如第9卷第2号"通信"栏署名皆平的读者在致陈独秀的通信中说："我近来看报纸，除看看什么《学灯》晨报第七版，《觉悟》《青年之友》（其实这里面除了些无谓的争论和空乏的哲学及文学，也没有真可看的）。"而且，一直活跃的"通信"一栏经常性地断档，如第8卷第4—6号及第9卷第1号、5号就没有"通信"一栏，代之而活跃的是以短评的体裁针砭时弊的"随感录"一栏，并时而在目录中增设

"社会调查"。然而，"通信"一栏作为信息反馈的有效渠道在促进交流方面发挥了强有力的功能，受传者和传播者的角色在这里经常进行转换和交替，发出信息时是传播者，接收信息时是受传者，信息的传播在这里是双向对流的，增强了杂志传播效果，同时也提供了了解当时话语背景的资料，也是《新青年》杂志成长与发展变迁的记录，诚如《新青年》杂志第7卷第1号《新青年》1—5卷合装本全五册再版广告中所言："《新青年》开手就注重'通信'一栏，因为通信可以随便发表意见。所以那通信栏里真有许多好材料现在也还是不能不看的。"而且这种通信互动的方式也促进了杂志的销售，到1917年前后《新青年》的发行量已高达一万五六千份。①

① 汪原放：《回忆亚东图书馆》，学林出版社1983年版。

第二章 文学革命的议题设置

大众传媒的竞争就是媒介议题设置的竞争，大众传媒对社会的影响力就是议题设置的影响力。因此，媒介的议题设置是大众传媒得以产生影响和效果的源头。所谓媒介的议题设置，就郭庆光所著《传播学教程》之传播学理论观点来看，也就是传媒根据当前各项大事及其重要性的判断，以及对解决的优先顺序所设置的话题。《新青年》杂志对"文学革命"议题的设置既是社会议题的反映，代表社会舆论，同时又是对社会议题的舆论导引。

一 社会舆论背景

对辛亥革命的文化反思

辛亥革命的不成功再一次促使人们对传统文化进行反思，认为政治革命的失败关键在于思想。因而，启蒙再一次上升为中国社会革命的首要议题，传统文化在中国向现代转型的变革时代遭遇追问。

19世纪末20世纪初，中国处于被西方列强瓜分豆剖的境地，列强对中国的侵略战争打破了中国传统秩序，西方对中国的挑衅，也是现代化对传统的挑战，中国社会的发展在此表现为更为焦虑地由传统到现代的积极过渡。然而洋务运动的破产、戊戌变法的失败、辛亥革命的最终不成功，特别是和中国面临同样情形的日本通过明治维新获得了成功，并在1905年击败了世界强国之一的俄国的史实，使中国的变革者更进一步认识到中国现代转型的基础在于中国的传统核心文化，正是建构在传统核心文化基础上的传统格局的惰性与顽固和物质与精神上的自足封闭，使中国面对西方的挑战侵略而反应非常迟钝，现代化的进程一再受挫。作为中国传统核心文化的儒家思想此时受到颠覆性的质疑。现代化作为一种经济形态的变化，作为由传统自给自足的封闭型农业经济向开放的现代工业经济的发展，同时作为传统社会中人的个性结构的内在封闭性与惰性向现代工业化社会人的现代个性的开放心态的过渡，成为改革者不倦致力的一种运动，一种事业。对中国传统文化价值的重估，思想启蒙成为社会舆论的议题。

改革者们认为中国传统文化的重农抑商思想束缚了中国向现代化发展的步伐，商业活动作为现代化系统过程中最活跃的因素一向被视为"舍本逐末"。陈独秀在《新青年》杂志第1卷第2号《今日之教育方针》中即指出"吾国经济现象果如何乎？功利货殖自古为羞，养子孝亲为毕生之义务。此道德之害经济者也"。而主张折中与平衡的儒家历来都是轻视商业的，这种思想观念的长期作用，使中国社会经济模型在长期的发展图式中呈现为"一种农业型、内敛性的模式而非城市型、扩张性的模式",① 这种以农业为主导地位的经济格局,不易受到现代化的影响,因为农业生产的劳动密集化的方式虽节省了资源,但不利于技术的革新,人口的增长又在一定程度上消弭了生产发展带来的成果,人们的生活处在自给自足的状态,农业总产量与农民自身(包括寄生于农民的地主)消费量之间差额的增长水平不高,没有剩余用来投资。而且"知足常乐"的心态又使多数中国人注重节流而不主动开源成为一种传统行为习惯。当时西方发达的国家中有的在工业现代化革命之前,就经历了"农业革命"的阶段。英国从 18 世纪初到产业革命发动的 60 年代,生产技术的改进和农业劳动生产率的提高有了很大的发展,农业步入"黄金时代",为英国工业现代化的发展提供了有利条件。② 而以农业经济为基础的中国传统社会缺乏突破封建生产关系的动力,缺少产业化充分发展的条件,也缺少普遍的现代产业精神。

实际上,在中国,现代化的萌动早在晚唐和宋朝时期就已开始。世界上最负声望的中国问题观察家费正清在他的《中国:传统与变迁》一书中写道:"中国 8 至 13 世纪的经济发展确实也推动了当时社会和文化的发展。当时出现的社会类型蕴含了许多现代都市文明的特点并且一直持续到 19 世纪,故我们不妨称之为前现代社会。"而且他认为,该时

① 费正清:《中国:传统与变迁》,张沛译,世界知识出版社 2002 年版,第 294、156、350 页。

② 汪敬虞:《中国资本主义的发展和不发展》,中国财政经济出版社 2002 年版,第 213 页。

期内制度和文化的重大发展背后是中国经济尤其是商业的飞跃，商业的革命。当时以印刷术为代表的技术进步，贸易的发展，特别是造船和航海技术推动的海外贸易的发达，进一步促进了区域的分工，带动了生产的全面发展，纸币的发行大大促进了经济的繁荣。晚唐和宋朝时期人们已经在打破轻视商业的观念，晚唐和宋朝之前贵族和官僚剩余资本大多用来购田置地，晚唐及宋朝时期剩余资本多用来进行商业活动。官员和富商喜欢住在城市，社会的上层云集都市，都市化成为当时社会的特点。"从货币的发展及其他经济特征来看，宋朝的商品经济代表了中国在 19 世纪前的最高发展水平。"[①] 但是，唐、宋、元时期的商业发展并没有在明清两代得到延续和发展，反而是古代重农传统思想成为明清两代社会的主流思潮。原因是"身处内忧外患之中的中国，在 19 世纪 60 年代做出的回应是重申或重建儒家制度而非使之现代化"[②]。

而且在中国，传统的教育意识形态基础是儒家思想，若想通过科举考试步入仕途，就必须熟读经书，在理论上形成统一的文化思想体系。中国的科举考试历来偏重文科，这种对文学、历史及学术的偏重使社会的上层形成了一种重考证、尚文学、乐好古的倾向，特别是明清两代科举八股取士的制度和启蒙读物《三字经》的推广使儒家思想得到进一步传播与巩固，拘泥于传统文化范式而漠视求实致用。陈独秀在《新青年》杂志第 1 卷第 1 号《敬告青年》一文中即抒发

---

① 费正清：《中国：传统与变迁》，张沛译，第 294、156、350 页。

② 同上。

了如此评议："今日之社会制度，人心思想悉自周汉两代而来。周礼崇尚虚文，汉则罢黜百家而尊儒重道。名教之所昭垂，人心之所祈向，无一不与社会现实生活背道而驰。倘不改弦而更张之，则国力将莫由昭苏，社会永无宁日……物之不切于实用者虽金玉圭璋不布粟粪土。若事之无利于个人或社会现实生活者，皆虚文也，诳人之事也。诳人之事虽祖宗之所遗留，圣贤之垂教，政府之所提倡，社会之崇尚，皆一文不值也。"此言作为传媒文体语言，难免过激之嫌，但却痛陈了中国传统文化积久熏陶的弊端。陈独秀在《新青年》杂志第 1 卷第 4 号《东西民族根本思想之差异》一文中，在和西方相比照的基础上，更进一步指陈了中国传统文化的特点，即"一、西洋民族以战争为本位，东洋民族以安息为本位；二、西洋民族以个人为本位，东洋民族以家族为本位；三、西洋民族以法制为本位以实利为本位，东洋民族以感情为本位以虚文为本位。"也正基于此，陈独秀仿效欧洲文艺复兴，在思想界发起一个反封建的启蒙运动，抱定"让我办十年杂志，全国思想都全改观"① 的信念创办了《新青年》杂志。陈独秀抱定启蒙解决全面问题的这种观点不失为一种偏执，但这种偏执的信念却是促成《新青年》杂志成功的因素之一。

大众传媒的发展

大众传媒的兴起与发展既是社会现代化发展的标志也是促进现代化发展的工具。大众传媒作为社会系统结构的一部

---

① 唐宝林、林茂生：《陈独秀年谱》，上海人民出版社 1988 年版，第 65 页。

分有其自己的独立性和自主性，以自己独特的方式制约和影响人类社会发展的进程，促使社会结构发生变化，使人们的思想观念和生活方式发生改变。洋务运动、戊戌变法、辛亥革命等一系列现代化发展活动的失败，日益深重的社会危机促使革命利用传媒手段作出积极回应。社会革新人士成为社会革命的激进代言人，成为社会舆论的领袖，他们把制造舆论，唤醒民众作为变革中国的根本基础，而达此目的的最好方式就是办报纸杂志。当时大众传媒的发展在经过戊戌变法和辛亥革命两次办报高潮之后已经培养出一批职业报人，并拥有了一定的读者群和市场基础。

在中国古代即有官报、小报、报房《京报》等报纸，但这些报纸无论从形式上还是从内容及功能上都和近代报纸相差甚远。近代报纸作为大众传媒的出现是现代工业化的结果，是伴随着资本主义商品经济的发展而产生的，是16世纪欧洲的产物。资本主义在中国虽有所发展，但是并没有达到直接催生近代报业的产生与发展的条件。最早的中文报刊和在中国境内出现的最早的近代报纸都是由外国人创办的。① 这些报刊可由编报人自由采写组稿和发表议论，反映民意，和中国古代报纸以传达上命为职责截然不同。及至晚清，外国传教士和商人利用他们的报纸传播西方文化日盛，因为他们发现"很早以来，中国人最大的特征就是注重学问以及他们对之所树立的荣誉。他们的英雄人物不是武士，甚

---

① 谷长岭、俞家庆：《中国新闻事业史》，中央广播电视大学出版社1987年版，第16页。

至也不是政治家，而是学者"。① 应该看到，外国人在通过报刊传播西学占领中国文化市场的同时也把他们的办报模式和经营管理经验输入中国，国人办报日渐兴起，到戊戌变法时期掀起了中国人办报的第一次高潮。而在这次办报高潮中引人注目的当属维新派创办的报纸。

时值甲午战败，国家危机日益深重，富国强兵成为国人强烈愿望。康有为、梁启超等"公车上书"要求变法，希望中国走西方强国之路。为了宣传维新变法思想，他们组织学会，创办报刊。先后主要创办了《万国公报》、《时务报》、《清议报》及后来的《新民丛报》等，影响颇大。尤其是梁启超在办报实践的基础上形成了一套中国式的现代新闻思想理论，这些理论不仅在当时而且对后人影响很大。梁启超通过《论报馆有益于国事》一文，首先提出报刊的耳目喉舌作用，他说，"无耳目，无喉舌，是曰废疾。今夫万国并立，犹比邻也。齐州之内，犹同室化。比邻之事，而吾不知，甚乃同室作为，不相闻问，则有耳目而无耳目。上有所措置，不能喻之民，下有所苦患，不能告之君，则有喉舌而无喉舌"。而"战国之强弱，则于其通塞而已……去塞求通，厥道非一。而报馆其导端也……其有助耳目喉舌之用，而起天下之废疾者，则报馆之为也"②。梁启超提出报刊的耳目喉舌的作用，从一定意义上说明了传播媒介即是人的延伸。在其文章《敬告我同业诸君》中梁启超又提出报刊具有两大天职："一曰，对政府而为其监督者；二曰，对于国民而为其

① 顾长声：《传教士与近代中国》，上海人民出版社1981年版，第157页。
② 梁启超：《论报馆有益于国事》，《饮冰室合集》文集第1册。

向导者。"指出了报纸的职能。不仅如此，诞生于报刊传媒平台上的以梁启超为代表的报刊论说，颇受人欢迎，这种文体因首先起端于《时务报》被称为"时务文体"或"报章文体"。这种文体对后来影响颇深。

20世纪初，辛亥革命前夕，新闻事业复兴，国人再次掀起办报高潮。1896年11月，孙中山在伦敦被清政府驻英公使诱禁，后经舆论干预，孙中山终于获释。这件事使他"对于报纸左右社会之力量，至能达成政治力量所未能完成之任务，有身受其惠之深切认识，而觉革命主义之借报纸宣传，收效必能速于置邮，是无疑也。"① 于是他积极组织支持创办《中国日报》。《中国日报》同时出版日报和旬报，被称为"革命党机关报之元祖"②。同时，在留日学生中办报活动日盛，较有影响的有《国民报》、《湖北学生界》、《江苏》等。其中《国民报》在介绍欧美资产阶级革命思想和革命历史方面做了大量的工作，目的在于为中国革命提供依据。而此时在社会上引起较大震动的事是"《苏报》案"的发生，章太炎、邹容被宣判监禁。其原因是《苏报》刊出的都是一些激越慷慨、勇猛犀利宣扬革命的文字，如1903年6月1日，《苏报》发表《康有为》一文，指出"革命"已是人心所向，"天下大势之所趋，其必经过一躺之革命，殆为中国前途万无可逃之例"，"革命之宣告，殆已为全国之所公认，如铁案之不可移"。6月10日，《苏报》刊出章太炎为

---

① 陈玉申：《晚清报业史》，山东画报出版社2003年1月版，第171页。

② 冯自由：《中华民国开国前革命史》上卷，上海书店1990年版，第160页。

邹容《革命军》所撰序文，把《革命军》比之为震撼人心的"雷霆之声"。6 月 22 日，《苏报》刊出《杀人主义论说》一文，写道："借君颈血，购我文明，不斩楼兰死不休。壮哉杀人！"① 而清政府对《苏报》的镇压更激起报纸对于革命的鼓动，如《国民日报》等。孙中山组织同盟会，利用同盟会机关报《民报》宣传革命思想。在《民报》发刊词中孙中山提出"民族、民权、民生"三大主义，指出革命的目的是为众生谋幸福。孙中山并以《民报》为阵地同以《新民丛报》为舆论阵地的梁启超进行辩论，辩论的焦点在于要不要推翻清政府；要不要建立共和政体；要不要进行社会革命；革命是否会导致内乱和瓜分。论战以改良派失败告终。由此可以看到，戊戌时期报刊舆论的中心是维新变法，而辛亥前夕报刊舆论的中心就是关于"革命"的议题，而且政党报刊蜂起。在方汉奇等主编的《中国新闻事业简史》（第二版）中，对辛亥革命时期，以孙中山为代表的革命报人的办报思想做了归纳，摘要如下几点：一是在对报纸作为政治斗争工具的认识上，革命派的认识更明确；二是革命派在承认报刊的党派性，主张利用报刊宣传革命的纲领、政见方面表现得更坦率，并且把自己的报纸称为机关报；三是革命派在承认他们报刊党派性的同时，坚信他们的报刊反映了人民的意愿，代表人民的利益，特别是平民的利益；四是重视报刊制造舆论的作用，因为报纸"一纸之出，可以收全国之视听；一议之发，可以挽全国之倾势"。由此可以看到，以孙中山为代表的革命报人的报刊舆论思想的核心就是报刊对政党政

---

① 　陈玉申：《晚清报业史》，山东画报出版社 2003 年版，第 192—193 页。

治目标的服务。而这一思想理论对于后来《新青年》杂志的嬗变应该是有些影响的。

而《新青年》杂志创办时正是中国新闻事业的低潮期，其主要原因是袁世凯为了控制舆论，用暴力压制并迫害异己的报纸和报人，1913 年底，全国继续出版的报纸只剩下 139 家，和民国元年的 500 家相比，锐减 300 多家。北京上百家报纸只剩下 20 余家。从 1913 年到 1916 年 6 月，全国报纸总数始终维持在 130—150 家左右的低水平上。① 而期间作为中国新生的中产阶层"买办阶级"通过通商口岸的工作，在与外国人的日常交往交流中已经掌握了现代的经济管理方式，而且中国通过海外华人和通商口岸也积累了现代化发展的资本，中心城市的工厂也吸引了大量的劳工，在国外受过教育的年轻人越来越多。所有这些因素在 1914 年开始的第一次世界大战期间因为对中国实施侵略的西方国家忙于参战而在较为自然的社会状态中获得发展，在一定程度上促进了中国社会的转型。

二 清末民初报刊对文学的关注

文学报刊的产生与初步发展

在中国报刊向现代化发展的过程中，在中国社会的转型期，文学作为承载知识与思想的最具亲和力的语言文本形态在现代传媒信息传播中的地位日益突显，被赋予了更多的历

---

① 方汉奇、张之华主编《中国新闻事业简史》，中国人民大学出版社 1995 年版，第 154—155 页。

史重负。最早文学是作为报刊的副刊，作为附属性的内容面向读者的，然而，读者对于文学的需求并没有因为文学的副刊地位而受到限制，而是不断地增长。作为专业性的文学报刊在历史追求现代化的潮涌中便应运而生。特别是小说，因为具有天然的传播新知识、新思想的传媒特性也从被轻视的文化边缘进入报刊关注的重心。

在中国，最早由中国人自己创办编辑的杂志就是文学杂志，它是《瀛寰琐记》。① 它于 1872 年 11 月在上海创刊，由尊闻阁主创办，申报馆印行。它主要发表诗、词、散文，兼发小说、笔记、政论、海外见闻。该刊发表了蠡勺居士翻译的英国小说《昕夕闲谈》和他为此书所作的"小叙"。在"小叙"中他说明翻译此书的目的在于灌输民主思想、变更政体，同时他又指出小说具有审美和教育作用，而且这种作用远超于圣经贤卷。这些言论是现代小说观念向传统小说观念发起的挑战之声。特别的，在 1900 年之后的 10 多年间，中国出现了小说期刊群的崛起②，这源于梁启超"诗界革命"、"文界革命"、"小说界革命"口号的提出。而在"三界革命"中，影响最大的是"小说界革命"。因为"小说界革命"的倡导不仅改变了人们对小说的传统偏见从而为小说期刊获得了更多的读者，而且也为中国报刊的现代化发展拓展了信息传播的新空间。在小说期刊群中，梁启超创办的《新小说》(1902)，李宝嘉主编的《绣像小说》(1903)，吴沃尧、

---

① 周葱秀、涂明：《中国近现代文化期刊史》，山西教育出版社 1999 年版，第 4—5 页。

② 同上书，第 32 页。

周桂笙编辑的《月月小说》(1906)，黄摩西编辑的《小说林》(1907) 有四大小说杂志之称。单从这四大小说杂志的命名就可见当时"小说"的地位，而且，也正是期刊对小说的连载，日渐形成了"连载小说"这一报刊传媒体文本。"连载小说"成为清末文学的一种新型范本，被梁启超和文学界的精英注入新的思想生命，拉动了报刊的销售发行并促进了新思想的传播。

1910 年 8 月创刊于上海的《小说月报》[①]，出现于 1909 年到 1913 年小说杂志有些沉寂的时期，由商务印书馆出版并发行。创刊前期的《小说月报》既是维新派、革命派小说杂志发展的余波，又是鸳鸯蝴蝶派小说杂志的开端。该刊前期的主编是王蕴章（1878—1935）（著有剧本《西神小说集》、《碧血花》等）和恽铁樵（1878—1935）（擅长古文，创作过许多小说，他的中短篇小说写得更好。后来弃文从医）。[②] 该刊所发表的小说并不限于鸳鸯蝴蝶派的体裁，1913 年 4 月该刊发表了鲁迅以周逴署名的小说《怀旧》。这是鲁迅的第一篇小说，写的是革命军即将到来的传闻引起塾师秃先生的惶恐，他与当地首富金耀宗密谋对策，准备迎接革命军以保护自己。[③] 其体裁的选择已与传统小说截然不同。同时该刊注重译作，刊发了许多外国名著，如林纾所译的《恨缕情丝》（原著托尔斯泰）、《亨利四世纪》（原著莎士比亚）等。这样，外国的生活方式、社会文化就通过翻译的

---

① 周葱秀、涂明：《中国近现代文化期刊史》，山西教育出版社 1999 年版，第 45 页。

② 同上书，第 46 页。

③ 同上。

小说传播到中国，使人们对西方有了形象性的认识。特别一提的是，正是《小说月报》首创了稿费制度，而在此之前，报刊是不付稿酬的。该刊对于发表的文章分四等按千字付酬。①《小说月报》首创的稿费制度，激励了作者们的创作热情，大量的文学作品涌现出来，使报纸杂志在信息内容的编辑选择上能够面对丰富的信息资源，促进了文学作品与文学报刊的市场化发展，使其中的优秀者能够以卖文为生，由此，职业作家产生了。在相当长的历史时期内，职业作家成为具有相对独立性的社会文化群体，在中国文化发展和文学发展的进程中发挥着特殊的功能。

在文学报刊的发展中，不能不谈到"南社"和"国粹主义思潮"对文学报刊的影响。南社是一个革命的文学团体，成立于 1909 年 11 月 13 日，目的是以文学为手段联络知识分子。发起人为陈去病、高旭和柳亚子，活动中心在上海。柳亚子在《新南社成立布告》中说，"它的名字叫南社，就是反对北庭（指清朝廷）的标志了"②。南社社刊《南社丛刻》（文学年刊）1910 年 1 月创刊于上海。该刊是一个文言刊物，作者皆为南社社员，其登载内容为文选、诗选、词选，读者定位为知识分子。该刊一方面在政治上有着民族民主革命倾向，另一方面在文学上则有复古倾向。③ 南社在各地设有一些分社，分社也创办一些杂志，较有名的是浙江越社办的不定期文学杂志《越社丛刊》。另外，还有一些受南

---

① 周葱秀、涂明：《中国近现代文化期刊史》，山西教育出版社 1999 年版，第 47 页。

② 同上书，第 69 页。

③ 同上书，第 70 页。

社影响的杂志，如《同南》、《东社》和《进社》等。

20世纪初，"国粹主义思潮"和民族主义思潮相伴产生，在反清革命运动中兴起，在当时影响很大，《南社丛刻》坚持文言办刊，不收白话文稿件就是其影响所致。高旭的《南社启》中写道："国有魂，则国存；国无魂，则国将从此亡矣"，"然则国魂果何所寄，曰寄予国学，欲存国魂必自国学始"。① "国粹"成为多数期刊的社会价值取向，大量期刊纷纷打出"国粹"的旗号。而国粹主义期刊的社会传播效果在辛亥革命前后所起到的社会价值是不同的。辛亥革命前，国粹主义期刊包含了更多的革命精神，是为了"排满反清"，而辛亥革命，推翻了清朝统治，在中国加速探索发展现代化的过程中，其复古倒退的一面就凸显了。

在国粹期刊中较有名的当属《国粹学报》②，它于1905年2月创刊于上海。它是由黄节、章太炎与邓实等创建的国学保存会的会刊，由黄节任主笔。办刊宗旨在于"发明国学，保存国粹"。该刊除了设有社说、政篇、经篇、史篇、子篇、谈丛等栏目，还设有文苑、诗录、诗余等栏目。其作者多是当时的国学专家与文学界名流。王国维的《人间词话》上卷即发表于该刊。也正因为作者权威性的文化学术地位，该刊的信息传播产生了很大的影响。鲁迅在《"一是之学说"》一文中评价该刊是"谈学术而兼涉革命"，与后来的国粹主义期刊有很大的区别。到1912年6月，该刊改名为

---

① 周葱秀、涂明：《中国近现代文化期刊史》，山西教育出版社1999年版，第84页。

② 同上书，第84—89页。

，且由月刊改为双月刊，变成了具有一定学术价值的纯粹学术杂志。

值得重视的是，伴随着中国工商业的发展，主要产生于晚唐和宋朝时期的都市文化，此时作为中国市民阶层的属性文化，已成为一股冲击封建文化的潜流而浮出地面。在剧烈的商业竞争和繁重的工作压力之下，消遣娱乐成为都市市民群体缓解重压的消闲方式。因此满足市民群体需求的既经济文明又便于携带的消闲娱乐报刊拥有自己的读者市场。在消闲娱乐期刊中以鸳鸯蝴蝶派创办的期刊最为引人注目。鸳鸯蝴蝶派最初发表文章的期刊是《民权素》，之后有《小说丛报》、《消闲钟》、《礼拜六》周刊等。鸳鸯蝴蝶派的主要代表作家的作品多发表在这些期刊上。创作《玉梨魂》的鸳鸯蝴蝶派的代表作家徐枕亚和创作《兰娘哀史》的吴双热便是《小说丛报》的主编。① 而在这些期刊中，《礼拜六》周刊的影响还是颇大的。该刊于 1914 年 6 月 6 日创刊于上海，由王钝根、孙剑秋主编，中华图书馆出版发行。此刊定位针对性强，专供人们礼拜天消闲娱乐。王钝根在创刊号《赘言》中说明该刊宗旨："买笑耗金钱，觅醉碍卫生，顾曲苦喧嚣，不若读小说之省俭而安乐。"该刊前 100 期主要登载小说，作品大都追求趣味性，在市场竞争的压力下，从销售角度考虑，登载的作品有的甚至有些低级趣味。这与当时内忧外患的社会境况不太相宜，但是当主流期刊把历史的重担更多地赋予文学的时候，作为文学原生态的对应物，必然会出现文

---

① 周葱秀、涂明：《中国近现代文化期刊史》，山西教育出版社 1999 年版第 108—109 页。

学固有的重艺术尚趣味性的一面。同时该刊还登载欧美小说，使外国的社会生活观念和文学作品的写作技巧传播到中国，为中国小说的现代转型提供了参考文本。

梁启超与《新小说》

谈到清末民初的中国报刊不能不谈梁启超，谈到清末民初报刊对文学的关注与影响更不能避开梁启超。在中国文学向现代转型的过程中，梁启超的贡献功不可没。梁启超把报刊和文学结合起来，宣传维新变法的新主张，而文学也因此得到更新与发展。

梁启超在办《新民丛报》的同时，创办了中国第一份专门刊登小说的报刊《新小说》。之所以把《新小说》与梁启超创办或主编的其他报刊单列出来，是因为小说在梁启超的传媒思想里与报刊占有同等的位置。因为"梁启超把小说视为'国民之魂'，并称赞日本的政治小说《佳人奇遇》和《经国美谈》为'浸润于国民脑质，最有效力者'"①。一位研究东南亚历史的学者 Benedick Anderson 写过一本书——《想象的社群——对于民族国家兴起的反思》。在这本书里他提出了一个很重要的观点：一个新的民族国家在兴起之前有一个想象的过程，这个想象的过程也是一种公开化、社群化的过程。在这一个过程里，需要依靠两种非常重要的媒体，一个是小说，一个是报纸。梁启超正是借助报纸和小说的传播价值把他对国家新风貌的想象力求公开化、社群化的。《新小说报》的创刊，说明一种传媒成了另一种传媒的内容，

---

① 孔范今：《走出历史的峡谷》，山东文艺出版社 1997 年版，第 23、34 页。

传播的效力更强大。

梁启超倡导"诗界革命"、"文界革命"、"小说界革命"，并特别看中小说的传媒力量，也是与他思想的变化相联系的。总的来说，《清议报》和《新民丛报》是倡言改良的，主张在政治改革上"导中国当以渐"。虽然 1903 年前的《新民丛报》并不讳言革命，也曾谈论过"革命"、"暴动"，但 1903 年冬梁启超自考察美洲新大陆回到寄居的日本后，政治态度发生了变化，回归改良，公开宣布与"共和"永别。这种改良主义的立场在以后 20 多年里始终没有改变，并以《新民丛报》为阵地在与同盟会机关报《民报》的论战中坚持改良立场，因此就很自然地选取"小说"作为造就"新民"的途径和方法，而且是很重要的途径和方法。自此也可以看出"小说"的工具意识在世纪之初就被强调到如此重要的程度。

《新小说》于 1902 年 11 月创刊于日本横滨，次年改在上海出版。赵毓林虽署为编辑兼发行人，但该刊的实际主持是梁启超。《新小说》1906 年停刊，共出 24 期。它以发表创作小说为主，同时也发表翻译小说，并兼及诗歌、戏曲、笔记、文学理论。该刊对登载的小说进行类别区分，分为历史小说、政治小说、科学小说、哲理小说、冒险小说、侦探小说、写情小说、社会小说等，在小说类型划分和研究上有开创之功，令其他文学期刊纷纷仿效。梁启超在《新小说》第一期便发表了《论小说与群治之关系》，并且开宗名义："欲新一国之民，不可不先新一国之小说。欲新道德，必新小说；欲新宗教，必新小说；欲新政治，必新小说。"而且梁启超亲自执笔创作小说，他的《新中国未来记》就是体现他对于国家新风貌想象的政治小说。不仅如此，梁启超从传媒视角上对小说理论的贡献也是很大的。他对小说的特性进行大胆肯定，指出小说在审美娱乐方面的艺术基因，即"惮庄严而喜诙谐"①、"浅而易解，乐而多趣"。② 同时他还从艺术传播角度指出小说的四种特殊工具职能，即"熏、浸、刺、提"。③ "所谓'熏'，就是指小说如烟雾一样，无孔不入，使人处于其包围之中，无法逃脱其感染，直到他最终被改变，然后他又可能再进一步影响其他人，最终会引起社会变革；所谓'浸'，就是说读小说者被其艺术氛围所充分浸润，与小说中的人物产生共同的悲欢，共同的情绪；所谓'刺'，就是读者从心理深层受到小说情感或情节的猛烈刺激，受到更强烈的打动，这是比'熏'与'浸'更有力量的感染或鼓动；所谓'提'，就是通过阅读小说而提高思想认识，提高文化素养，顿悟经国治世之道"。④ 从此可见，"梁启超此时已将思考的重心由政治转向了思想文化"。⑤

《新小说》较大的影响源于登载名人名作。特别是该刊《小说丛话》发表的文学理论方面的文章，其见解影响更为久远。阿英在《小说闲谈·清末小说杂志略》中对该刊评价说，"《新小说》可称之为'开山祖'，小说地位之提高有赖乎此。《小说丛话》之开辟，亦以此为基点；小说如《二十

---

① 梁启超：《译印政治小说序》，梁启超：《清议报》第 1 册，1898 年。

② 梁启超：《论小说与群治之关系》，梁启超：《新小说》1902 年第 1 期。

③ 周葱秀、涂明：《中国近现代文化期刊史》，山西教育出版社 1999 年版，第 84 页。

④ 郝雨：《中国现代文化的发生与传播》，上海人民出版社 2002 年版。

⑤ 孔范今：《梁启超与中国文学的现代转型》，载孔范今《重构对话》，山东大学出版社 2009 年版。

年目睹之怪现状》、《洪水祸》、《痛史》、《九命奇冤》、《黄绣球》、《新中国未来记》等，固自有其不可磨灭之时代价值"。① 继《新小说》之后，大量小说期刊的崛起，不能否认《新小说》的领军之功，特别是梁启超在小说观念和理论上与传统认识的对抗性见解，为小说进入现代文学格局提供了通衢之力，虽然他的见解具有明确的政治指向，甚至这种政治指向不可能不影响到文学思潮的发展，但是毕竟新文学的时代开始了。

诚如梁启超的学生吴其昌在抗日战争时期所著《梁启超》传记所言："任公诚为舆论之骄子，天纵之文豪。"梁启超把报刊与文学结合起来，使他的思想渗进一段历史，一个世纪，甚至中国长久的未来。

三 文学革命议题的提出

"文学革命"的概念最早源于 1915 年远在美国康奈尔大学的胡适写的一诗，后来这个概念被赋予丰富的思想观念并被陈独秀作为反对传统的一个重要组成部分在《新青年》杂志中大力倡导。以"提倡白话文，反对文言文；提倡新文学，反对旧文学"作为"文学革命"议题引导社会舆论的切入点。正是围绕这两大问题展开的争论，在文学作为启蒙工具承担历史所赋予的重托的同时，也使文学自身的现代转型向前迈进了一大步。

---

① 梁启超：《译印政治小说序》。

白话文——开放的现代语体

语言是传播知识与思想的基础材料，对语言的组合运用是增强传播效果的手段，而对语言的重组运营则是达到理想传播效果的技巧。汉字使中国成为世界文明中的一个独特的文化集团，而且这个集团正以它的语言符号为资源向东南亚等世界各地蔓延。汉字的魅力正是在于它所蕴涵的文化的丰富性和韵味的微妙性，尽管对汉字普及教育的死记硬背方式有可能对受教育者的思维造成某种束缚，但是它在作为纽带维系固有文明的特点方面，优于世界上其他字母文字，而文言文的运用则是稳固汉语言文明特点的屏障，使汉语言文明呈现更多的封闭特征，而这种封闭不仅相对于汉语言以外的其他语言文明，而就汉语言文明内部也因为这种文言文文本而在贵族读书人和平民百姓之间形成了一种交流的障碍。正如鲁迅所说："我们中国的文字，对于大众，除了身份，经济这些限制之外，却还要加上一条高门槛：难。跨过了的，就是士大夫，而这些士大夫，又竭力的要使文字更加难起来，因为这样可以使他特别的尊严。"[①] 这种封闭虽然使特点性的品质更易于保留到极端，从而使这种特性更清晰地显现，然而，长时期的封闭则会使这种文明退化为落后，从而被其他后起的先进文明蚕食和吞并。而近代以前的中国文明正是在文言文本上传播延续的，而文言文本的传播更多地表现为单向传播，并且传播的空间范围狭小。缺乏互动的传播交流不可能产生新质，这种封闭的话语系统使中国文明在辉

---

① 鲁迅：《且介亭杂文·门外文谈》，1935 年版。

煌之后走向衰落，而致近代陷入被动挨打的境地。因此提倡白话文反对文言文即是语言本身历史发展的自然规律，也是人类传播发展优胜劣汰的历史呼声，更是启蒙者社会历史责任的自然担当。

而在"文学革命"之前，对改革文言的呼声和实践就已经产生。戊戌变法前后，个别先进的知识分子就意识到："有文字为智国，无文字为愚国；识字为智民，不识字为愚民；地球万国之所同也。独吾中国有文字而不得为智国，民识字而不得为智民，何哉？裘廷梁曰：'此文言之为害矣'……愚天下之具，莫文言若；智天下之具，莫白话若……一言以蔽之曰：文言兴而后实学废，白话兴而后实学兴；实学不兴，是谓吾民。"① 认为"大抵变法，以开民智为先，开民智莫如改革文言"②。有识之士已形成共识，文言已成为国民愚弱的根源，进行国民教育开启民智的首要任务就是要兴白话废文言。一时间白话文运动形成一股潮流，白话报刊竞相而生。单是在安徽一地的报刊就约有三十多份，其中直接以"白话"做报刊名的就有 7 份，如 1899 年王熔在芜湖创办《白话报》鼓吹革命；陈独秀任主编的《安徽俗话报》1904 年 3 月创办于安庆，宣传革命等。③ 事实表明，社会的发展和语言的发展应该是互动的、相适应的。当社会的发展从各个方向向现代转型的时候，作为社会的表达系统却还是

---

① 裘廷梁：《论白话为维新之本》，载《近代文论选》（上），人民文学出版社 1959 年版，第 176—180 页。

② 陈荣衮：《论报章宜改用浅说》，《近代史资料》1963 年第 2 期。

③ 陈万雄：《五四新文化的源流》，生活·读书·新知三联书店 1997 年版，第 103 页。

陷于封闭的文言文本，显然废文言兴白话就成为社会向现代转型所进行改革的一部分了。而且，废文言兴白话的话语系统的改革，将会进一步促进社会的开放发展。正如胡适所言："时代变得太快了，新的事物太多了，新的知识太复杂了，新的思想太广博了，那种简单的古文体，无论怎样变化，终不能应付这个新的时代的要求。"①

在"文学革命"之前，提倡白话是把白话看做大众传播的工具和对国民进行政治教育的手段，由于这种语言的改革并没有找到长期依附的着力物，因此，白话文运动并没有造成大的声势，更不可能坚持下去。而只有白话和文学结合起来，白话借助文学的力量才能获得最终的彻底的成功，因为文学自身就具有传媒的特性。而"文学革命"很重要的意义就在于它提倡白话文学，把白话和文学合为一体，从而使"文学革命"获得历史的意义。胡适在《五十年来中国之文学》中认为："在《新青年》打出文学革命的旗帜之前，白话文学对'白话'的采用，仍然是无意的，随便的。"是"有意的主张白话"而并非"有意的主张白话文学"。周作人在《中国新文学大系·散文一集》导言中也说，"在清末戊戌前后也曾有白话文运动，但这乃是教育的而非文学的"，"那时候办白话报的人大都只注重政治上的效用也是事实，而且无论如何，写出来的白话文还不能够造成文艺作品，也未曾明白的有此种企图"。虽然事实并非完全如此，梁启超就曾讲："文学之进化有一大关键，即由古语之文学变为俗

---

① 胡适：《中国新文学大系·理论建设集》"导言"，上海文艺出版社2003年版。

语之文学是也。各国文学史之开展，靡不循此轨道。"① 但是白话和文学的结合却是由"文学革命"开始，而规模性地发展起来的标志，就是白话文学作品的大量出现，说明白话文学由理论已发展到实践。

其实自宋元开始白话和文学就产生了天然之缘。正是因为白话的兴起，元代产生了两种新的文学样式，这就是杂剧和小说。杂剧是大都市的产物，满足都市群体观众的需求；小说则是由说书人向平民百姓讲述的故事。如果白话和文学结合的倾向的发展，没有被明代以来的"八股文"倒退和古文的复辟行为所阻遏，那么白话文学的发展会是另一种局面。因此"文学革命"的首要任务就是要"提倡白话文，反对文言文"，以白话取代古典文体，顺应文学进化的自然规律。同时使白话和文学结合起来深度普及白话文，"有了国语的文学，方才可有文学的国语。有了文学的国语，我们的国语才可算得真正国语。国语没有文学，便没有生命，便没有价值，便不能成立，便不能发达"②。改革传统的封闭的话语系统，重建顺应时代潮流发展的开放的话语系统，不仅使汉语言民族内部互动起来，而且使汉语言民族和世界其他语言民族能够深度互动交流，因为中国社会的现代转型是在与外部世界的调整关系中实现的，只有在开放的话语系统中社会转型才能进行，开放就是现代化的表征。白话文运动成为"文学革命"，同时也是新文化运动最为实质性的改革。

---

① 梁启超：《小说丛话》，《新小说》第7号，1903年。
② 胡适：《建设的文学革命论》，《新青年》杂志第4卷第4号。

新文学——追求现代性的文学精神

白话文学是产生新文学的基础，但是白话文学本身不能够成为新的文学。胡适曾讲："……死文字决不能产生活文学。若要造一种活的文学，必须有活的工具……我们必须先把这个工具抬高起来，使他成为公认的中国文学工具，使他完全替代那半死的或全死的老工具。有了新工具，我们方才谈得到新思想和新精神等等其他方面。"① 因此他为新文学列举了八条原则：

一、不用典。

二、不用陈套语。

三、不讲对仗。

四、不辟俗字俗语。

五、须讲求文法之结构。

六、不作无病之呻吟。

七、不模仿古人，语语须有个我在。

八、须言之有物。

后来胡适发表于《新青年》第 2 卷第 5 号上的文章《文学改良刍议》中，改变了八条原则的次序（变成八、七、六、二、一、三、四），试图更多地注重新文学的实质。②

---

① 胡适：《逼上梁山》，载胡适《四十自述》，第 112 页。

② 李欧梵：《现代性的追求》，生活·读书·新知三联书店 2000 年版，第 197 页。

文章中胡适更多地从学理的角度对八条原则作出阐释：如他认为言之有物，"非古人所谓'文以载道'之说也"，而是指文章要有"情感"和"思想"；"不模仿古人"是他以进化的观点，认为"今日之中国当造今日之文学"。陈独秀一改胡适的学者式的方式和试探性的温和语调，发表了《文学革命论》一文，以革命的姿态和气势提出了建设新文学的三大主义：

> 余甘冒全国学究之敌，高张"文学革命军"大旗，以为吾友之声援。旗上大书特书吾革命军三大主义：曰，
> （一）推倒雕琢的阿谀的贵族文学，建设平易的抒情的国民文学；
> （二）推倒陈腐的铺张的古典文学，建设新鲜的立诚的写实文学；
> （三）推倒迂晦的艰涩的山林文学，建设明了的通俗的社会文学。①

并且指出提出文学革命这三大主义的原因在于"今欲革新政治，势不得不革新盘踞于运用此政治者精神界之文学"，表达了他把文学革命纳入政治革命轨道的强烈诉求。显而易见，无论胡适还是陈独秀还是同样支持新文学的响应者，他们所要重建的新文学是放置在与传统文学对应的位置上的，是以反传统和社会历史的发展共时性的姿态向现代转型的文

---

① 陈独秀：《文学革命论》，《新青年》杂志第2卷第6号。

学，他们甚至把新文学作为社会转型的助推器。因此追求现代性的文学精神就成为中国历史发展所赋予新文学的特点，也正因为新文学追求现代性的文学精神的特点使得"文学革命"的议题产生轰动的社会舆论效应。

何谓"现代性"？对此有关的阐释很多，但切合中国国情的理解应该如此："'现代性'是指从文艺复兴，特别是启蒙运动以来的西方历史和文化，其特征就是'勇敢地使用自己的理智'来评判一切"，"它注重的是'当前'，对过去持批判的态度，以新知识和新发现构筑更美好的未来。"[①] "在中国，现代性这个新概念似乎在不同的层面上继承了西方'资产阶级'现代性的若干常见的含义：进化与进步的思想，积极地坚信历史的前进，相信科学和技术的种种益处，相信广阔的人道主义所制定的那种自由和民主的理想。"[②] "文学革命"之对"新文学"的提倡正是基于进化与进步的现代启蒙思想，现代伦理主义的人本思想。陈独秀以进化论的观点，坚信现实主义更适合中国文学，更适合中国。在他早些年发表于《新青年》杂志第 1 卷第 3 号的文章《现代欧洲文艺史谭》中，他即推论欧洲现代文学已经从古典主义和浪漫主义进展到现实主义和自然主义。因此，陈独秀认为中国传统文学是贵族文学、古典文学，要推倒；而新文学应该是现实主义的文学，要建设。并且陈独秀把现实主义作为"诚今世贫弱国民教育之第一方针矣"[③]。1916 年胡适在《新青年》

---

① 佘碧平：《现代性的意义与局限》，生活·读书·新知三联书店 2000 年版，第 1—2 页。

② 李欧梵：《现代性的追求》，生活·读书·新知三联书店 2000 年版。

③ 陈独秀：《今日之教育方针》，《新青年》杂志第 1 卷第 2 号。

第 2 卷第 2 号与陈独秀的通信中，对其所言"吾国文艺犹在古典主义、理想主义时代，今后当趋向现实主义"表示赞同。并且《新青年》杂志刊出了"易卜生专号"，由胡适作《易卜生主义》专文介绍："易卜生的文学、易卜生的人生观只是写实主义。"以此倡导并提供模本建设"写实"的、"通俗"的，适于民众的"社会文学"。而古典主义已被反叛传统的先驱们当作嘲笑的对象，并把它作为文学革命的障碍和政治专制上的对应物划在推翻之列。英国诗人、文学评论家赫伯特·里德对古典主义艺术与压抑之间的关系曾作过如此阐述："假如要一语道破古典主义内涵的话，在我们看来，它现在而且是一贯都曾表现着压抑。古典主义是政治专制的精神伙伴。无论是在古代世界和中世纪王国，它都是这样。"正如陈独秀所说，"旧礼教、旧政治、旧文学本是一家眷属，它们互相勾结，彼此依存共同造成今日迂阔麻木的国民性"，因此，古典主义的旧文学理应与旧礼教、旧政治一起被推倒。这样，提倡体现近现代民主主义、人本主义文化思想的新文学就成为势所必然。

而且，在 20 世纪中国社会向现代转型的历史情态中，关注文学、进行文学革命的目的是看重文学参与历史、制造舆论从而改变现实的传媒特性，而现实主义相比其他创作方法更能直接表现现实的内容，满足文学作为启蒙的社会功能性要求，也更易于直接表达先驱人物参与历史变革的一种革命的精神，同时现实主义也是救治国民"自欺"的劣根性的良药，因为中国人向来是不敢正视人生的，"只好瞒和骗，由此也生出瞒和骗的文艺来，由这文艺，更令中国人更深地陷入瞒和骗的大泽中，甚而自己不觉得。世界日日改变，我们的作家取下假面，真诚地，深入地，大胆地看取人生并且写出他的血和肉来的时候到了。"① 此时的中国需要"敢于正视淋漓的鲜血，敢于直面惨淡人生"的真的猛士精神。

由此可见，中国现代转型是历史发展的需要，中国面对西方列强侵略的危机，需要文学的现实主义姿态，因而，浪漫主义的、现代主义的因素只好通过现实主义的形象表现出来，因为历史语境没有给予它们更多生存发展的空间。而且在欧洲，浪漫主义思潮的内在要求就是对现代工业文明的忧虑、反思和批判，"可以把浪漫主义概括为'现代性'的第一次自我批判"②；而现代主义则是工业文明、现代都市物质文明使人产生的一种"存在主义"的焦虑，是对现代性的质疑。而20世纪初的中国，工业文明、物质文明远未达到现代社会文明的程度，甚至还面临被列强瓜分的境遇，生存的危机带来的焦虑远胜于存在主义感知的"文明病"。因此，尽管现实主义、浪漫主义和现代主义共时性地涌入中国，但是由于浪漫主义与现代主义和中国历史现代转型的异时性，必然落入冷落的境地。但是就文学自身发展来看，以进化论的观点，参照欧洲文学的发展历程，把传统文学看做古典主义的文学，应该推翻；把新文学看做现实主义的文学，应该倡导。这样很自然地会把中国新文学放置于历史发展进化的决定因素之中，从而使现实主义文学在坚持中走入人为的模式。

---

① 鲁迅：《论睁了眼看》，载《鲁迅全集》第1卷，人民出版社1981年版，第240—241页。

② 刘小枫：《诗话哲学》，山东文艺出版社1986年版，第6页。

第三章　文学革命的传播效果

《新青年》杂志传播要素的互动使"文学革命"的传播运行于良好的机制，"文学革命"议题以理论置辩的形式展开，又使"文学革命"的舆论在争辩中得以形成并获得发展，从而强化了设置"文学革命"议题的意义，拉动了新出版物的产生和旧出版物的改革，为"文学革命"宏观效果的产生储备了良好的信息源和影响源，并且使小说这个在传统文学格局中处于边缘的文学门类进入重组中的文学格局中心，成为中国文学向现代转型的标志之一。

一　文学革命舆论的形成

"文学革命"的议题最初主要是胡适、陈独秀作为一种见解发表于《新青年》杂志，借助《新青年》杂志等的传媒平台构筑的虚拟辩论场的形成，这一议题发展为集合意识，并以积聚式爆发的舆论形态得以规模性的传播，实现了与社会心理的互动。这种传播的普遍化及其强势可视为舆论的形成。

辩论场

辩论是舆论冲突的一种方式，是辩论双方通过说理的办法驳倒对方。在这里，所谓辩论场则是指在传媒平台上提供群体辩论或两人辩论的拟态时空环境。由于"场"是意见产生的社会共振圈，用"场"的范式研究社会舆论，能认识舆论产生的具体机制。"场"不仅是舆论形成的条件、空间，而且是推动舆论发展的契机，甚至制约着它的正负方向。①

"文学革命"议题的提出，首先在《新青年》杂志上构造起不断激发公众参与的辩论场。参与者通过发表文章，借助杂志栏目"通信"、"读者论坛"等互动形式，发表对"文学革命"的见解。而在《新青年》杂志传媒平台上对"文学革命"的讨论推向辩论高潮的，是由钱玄同和刘半农合作上演的"双簧戏"。先由钱玄同化名王敬轩，把反对"文学革命"的言论集合成颇具挑衅意味的文章，再由刘半农一一批驳，以《文学革命之反响》为题，在《新青年》杂志第 4 卷第 3 号"通信"一栏登出，使"文学革命"的注意力效益大增。此举虽有游戏之嫌，文章措辞也不乏刻薄，但是就其对"文学革命"舆论的形成以及"文学革命"的传播效应来说，其贡献还是很大的。虽然"文学革命"议题的切入点是"提倡白话文，反对文言文；提倡新文学，反对旧文学"，因而更多的是从文学形式入手，但其着眼点在于思想文化革命，在于启蒙，涉及语言文学和思想文化等诸多领域，这样更易于吸引更多学者从更多的方面呼应。

---

① 刘建明：《社会舆论原理》，华夏出版社 2002 年版，第 35 页。

由"文学革命"议题所引发的辩论同时也在北京大学展开。1919年3月18日，《公言报》刊登了《请看北京学界思潮变迁之近状》，对北京大学的思想状况做了如此描述：

国立北京大学自蔡孑民任校长后，气象为之一变，尤以文科为基。文科学长陈独秀氏，以新派首领自居，平昔主张新文学甚力。教员中与陈氏沆瀣一气者，有胡适、钱玄同、刘半农、沈尹默等。……顾同时与之对峙者，有旧文学一派。旧派中以刘师培氏为之首。其他如黄侃、马叙伦等，则与刘氏结合，互为声援者也。加以国史馆之耆老先生，如屠敬山、张相文之流，亦复而深表同情于刘、黄。……顷者刘、黄诸氏，以陈、胡等与学生结合，有种种印刷物发行也，乃亦组织一种杂志，曰《国故》。组织之名义出于学生，而主笔致之健将，教员实居其多数。盖学生中固亦分旧新两派，而各主其师说者。二派杂志，旗鼓相当，互相争辩，当然有稗于文化；第不言忘其辩论之范围，纯任意气，各以恶声相报复耳。

这段描述于具体事实虽不无错谬，但对北京大学新旧两派的划分大体是准确的。①

而在北京大学圈子之外，作为文学界的领袖翻译家严复

---

① 杨早：《一班刊物竟成三》，载陈平原、山口守《大众传媒与现代文学》，新世界出版社2003年版，第284页。

和林纾也支持反对派。特别是林纾对新文学运动反感强烈。1919年2月和3月，他在上海著名的《新申报》上发表了讥刺新思想和新文学运动领导人物的两篇短篇小说。3月18日《公言报》刊布了林纾更为严肃的反对，即《致蔡鹤卿书》，指责北大"覆孔孟，铲伦常"，"尽废古书，行用土语为文字"。3月21日，《北京大学日刊》发表《蔡校长致公言报函并附答林琴南君函》，其用意在于"为表示北京大学真相起见，不能不有所辩"。在这里仅就林纾"尽废古书，行用土语为文字"之说，摘要列举如下，作为新旧两派辩方的代表：

林纾认为：

一，文学革命是不必要的，因古文读者会越来越少。"前年梁任公倡马班革命之说，弟闻之失笑。任公非劣，何为作此媚世之言？马班之书，读者几人？殆不革而自革，何劳任公费此神力。"

二，古文并不妨碍科学与技术，且亦不能被消灭。"若云死文字有碍生学术，则科学不用古文，古文亦无碍科学。英之迭更，累斥希腊拉丁罗马之文为死物，而今仍存者，迭更虽躬负盛名，固不能用私心以蔑古。矧吾国人，尚有何人如迭更者耶！"

三，只会说土话的人并不就有真学术。"天下唯有真学术，真道德，始足独树一帜，使人景从。若尽废古书，行用土语为文字，则都下引车卖浆之徒，所操之语，按之皆有文法，不类闽广人为无文法之啁啾，据此则凡京津之稗贩，均可用为教授矣。"

四，过去优秀的白话作家，也曾向古文学习，且曾采用

"若《水浒》《红楼》,皆白话之圣,并足为教科之书;不知《水浒》中辞吻,多采岳珂之《金陀萃篇》,《红楼》亦不止为一人手笔,作者均博极群书之人。总之,非读破万卷,不能为古文,亦并不能为白话。"

五,白话可用来译解古书,但不能取代古书。"若化古子之言为白话演说,亦未尝不是。按《说文》:'演,长流也。'亦有延之广之之义。法当以短演长,不能以古子之长,演为白话之短。且使人读古子者,须读其原书耶?抑凭讲师之土语,即算为古子?若读原书,则又不能全废古文矣。矧于古文之外,尚以《说文》讲授,《说文》之学,非俗书也。当参以古籀,证以钟鼎之文,试思用籀篆可化为白话耶?果以篆籀之文,杂之白话之中,是引汉唐之环燕,与村妇谈心;陈商周之俎豆,为野老聚饮。类乎不类?弟闽人也,南蛮𫘝舌,亦愿习中原之语言,脱授我者以中原之语言,仍令我为舌之𫘝闽语,可乎?盖存国粹而授《说文》,可也。以《说文》为客,以白话为主,不可也。"①

蔡元培对林纾有关"尽废古书,行用土语为文字"的辩论答复:

一,北大的课卷皆仍用文言,讲义也绝大多数是文言。"请先察'北京大学是否已尽废古文而专用白话'。大学预科中,有国文一课,所据为课本者,曰模范文,曰学术文,皆古文也。其每月中练习之文,皆文言也。本科中有中国文学史,西洋文学史,中国古代文学,中古文学,近世文学。又本科预科皆有文字学,其编成讲义而付印者,皆文言也。有

---

① 参阅周策纵《五四运动史》,岳麓书社 1999 年版,第 92—98 页。

《北京大学月刊》，中亦多文言之作，所可指为白话体者，惟胡适之君之《中国古代哲学史大纲》。而其中所引古书，多属原文，非皆白话也。"

二，讲解古书必赖白话。"次考察'白话是否能达古书之义？'大学教员所编之讲义，固皆文言矣。而上讲坛后，决不能以背诵讲义塞责，必有赖于白话之讲演。岂讲演之语，必皆编为文言而后可欤？吾辈少时，读《四书集注》，《十三经注疏》，使塾师不以白话讲演之，而编为类似集注类似注疏之文言以相授，吾辈其能解乎？若谓白话不足以讲《说文》，讲古籀，讲钟鼎之文，则岂于讲坛上，当背诵许氏《说文解字系传》，郭氏《汗简》，薛氏《钟鼎款识》之文，或编为类此之文言，而后可，必不容以白话讲演之欤？"

三，白话并不逊于文言，而且提倡白话的教员，皆博学而长于文言。"又次考察'大学少数教员所提倡之白话的文字，是否与引车卖浆者所操之语相等'，白话与文言，形式不同而已，内容一也。《天演论》、《法意》、《原富》等，原文，皆白话也，而严幼陵君译为文言。少仲马、迭更司、哈德等之所著小说，皆白话也，而公译为文言。公能谓公及严君之所译，高出于原本乎？若内容浅薄，则学校报考时之试卷，普通日刊之论说，尽有不值一读者。能胜于白话乎？且不特引车卖浆之徒而已，清代目不识丁之宗室，其能说漂亮之京话，与《红楼梦》中宝玉黛玉相埒，其言果有价值欤？……北京大学教员中，善作白话文者，为胡适之、钱玄同、周启孟［作人］诸君，公何以证知为非博极群书，非能作古文，而仅以白话文藏拙者？胡君家世汉学，其旧作古文，虽不多见，然即其所作《中国哲学史大纲》言之，其了解古书之眼光，不让于清代乾隆学者。钱君所作之文字学讲义，学术文通论，皆古雅之古文。周君所译之《域外小说》，则文笔之古奥，非浅学者所能解。然则公何宽于《水浒》、《红楼》之作者，而苟于同时之胡、钱、周诸君耶？"①

由此可见，辩论的焦点是由白话与文言的对抗展开的，而事实上无论旧派还是新派，他们对于"文言"看重的程度是相同的，因为"文言"是中国古代文化遗产的载体，如果不"博学而长于文言"，是不能够创造出白话文学的。旧派那种对"白话"的曲解，对"白话"的居高临下的优雅姿态，以及故步自封的文化态度所表现的与历史需求相对抗的障碍性设置，成为他们在辩论中趋向于失败的主要因素。而白话与文言辩论的意义应该在于由此形式上的辩论而把文学革命的文化、思想内涵导入深入的认知境地，使文学革命在形式和内容上契合了文化启蒙的需要。而且北京大学的革新，为"文学革命"舆论的动态发展提供了相对自由的学术环境，使辩论处于相对开放的状态，保证了正确舆论的形成。

舆论的性质

舆论通常被认为是不参与决策过程，在权力中心之外的人的意见，往往表现为多种公众对事物的评价。它是由公众见解的体系构成其外壳，由公众意识的整合组成其内核，通过与社会心理的互动，实现舆论本身的使命。② "文学革命"

---

① 参阅周策纵《五四运动史》，岳麓书社1999年版，第92—98页。

② 参阅刘建明《社会舆论原理》，华夏出版社2002年版，第13—18页。

议题所引发的舆论是以理性舆论的形态为表现形式的。所谓理性舆论主要不是指理论本身，而是指公众关于理论问题、理论研究是非的议论。议论的对象是抽象的理性体系，议论的内容也呈现出理性形态，因而理性舆论是一种社会高层次的思辨，主要表现为理论争鸣。① 由于理性舆论形态以及社会教育的不发达，"文学革命"的舆论争鸣主要是在知识分子中进行的。

"文学革命"议题的提出，是以"白话"、"新文学"作为自己意见的论述本位的，其论述的价值基础是建构于历史发展的根据之上的。胡适在《五十年来中国之文学》一文中，更为具体详尽地论述了白话取代古文的历史过程，又在《中国新文学大系·建设理论集》导言中强调提倡白话文学的依据：

> 第一是我们有了一千多年的白话文学作品：禅门语录，理学语录，白话诗调曲子，白话小说。若不靠这一千年的白话文学作品把白话写定了，白话文学的提倡必定和提倡拼音文字一样的困难，绝不能几年之内风行全国。第二是我们的老祖宗在两千年之中，渐渐的把一种大同小异的"官话"推行到了全国的绝大部分：从满洲里直到云南，从河套直到桂林，从丹阳直到川边，全是官话区域。若没有这一大块地盘的人民全说官话，我们的"国语"就无从下手了。第三是我们的海禁开了，和世界文化

---

① 刘建明：《社会舆论原理》，华夏出版社 2002 年版，第 106 页。

接触了，有了参考比较的资料，尤其是欧洲近代国家的国语文学次第产生的历史，使我们明了我们自己的国语文学的历史，使我们放胆主张建立我们自己的文学革命。——这些都是超越个人的根本因素，都不是我们几个人可以操纵的，也不是"产业发达，人口集中"一个公式可以包括的。①

这说明"文学革命"的舆论外壳作为公众的见解体系已经发展酝酿了很多年，这种见解体系作为一种表述行为已经明确了文学革命的语义指向。

在"文学革命"舆论经由传媒的传播过程中，在经由辩论使公众意识达到一定整合的事态中，在所谓复古主义者和"文学革命"相抗衡的情形之下，还有另一种见解，就是闻一多对于文学变革一向持有的"颇有独立价值"的见解。闻一多从未放弃过对旧文学的潜心研究，更不反对新文学的革新；他既受过梁漱溟一类文化观念的影响，又深得进化论的教益。② 他一方面明确指出"文学诚当因时代以变体；且处此二十世纪，文学尤当含世界底气味；故今之参借西法以改革诗体者，吾不得不许为卓见"，而同时又疾呼："现在新诗中有的是'德谟克拉西'，有的是泰戈尔、亚坡罗，有的是'心弦'、'洗礼'等洋名词。但是，我们的中国在哪里？我们四千年的华胄在哪里？哪里是我们的大江、黄河、昆仑、泰山、洞庭、西子？又哪里是我们的三百篇、楚骚、李、

① 胡适：《胡适说文学变迁》，上海古籍出版社1999年版，第234页。
② 孔范今：《走出历史的峡谷》，山东文艺出版社1997年版，第137页。

杜、苏、陆?"① 而在当时持相同意见者是大有人在的。由此可见，在"文学革命"舆论形成过程中，其公众意识的整合是多元化的。而从与社会互动心理所引发的社会效应来看，社会的选择更多地表现为对文学革命的冲动与支持，这是来自历史发展中心力量的呼应。同时应该看到，公众意识整合所呈现的多元化，又使文学革命所倡导的新文学的发展置身于互补式的制衡状态之中。

而"文学革命"作为理性舆论形态，对文学新范型观念的阐述是相当宏观的，而且更多的是通过感性的表达来说明意见本身。胡适认为："创造新文学的进行次序，约有三步：（一）工具，（二）方法，（三）创造。前两步是准备，第三步才是实行创造新文学。"② 陈独秀揭示文学革命的内涵，对旧文学痛下针砭也主要是集中于"师古"与"载道"两个方面。

而在"文学革命"中，尤其是在新文学内容价值取向上，对文学观念的创新与相对完整的表述当属周作人。周作人提出了两个口号：一个是"人的文学"；一个是"平民的文学"。对于"人的文学"，他说："我们现在应该提倡的新文学，简单地说一句，是'人的文学'，应该排斥的，便是反对的非人的文学。"关于"人"，他解释说："我们所说的人不是世间所谓'天地之性最贵'，或'圆颅方趾'的人。乃是说，'从动物进化的人类'。其中有两个要点，（一）'从动物'进化的，（二）从动物'进化'的（着重号为原文所

---

① 转引自孔范今《走出历史的峡谷》，第 137 页。

② 同上书，第 179 页。

有)";"换一句话说，便是人的灵肉二重的生活。"他"希望从文学上起首，提倡一点人道主义思想"，这种人道主义，"并非世间所谓'悲天悯人'或'博施济众'的慈善主义，乃是一种个人主义的人间本位主义"。① 对于"平民文学"，周作人认为，新文学与旧文学的区别，不能从阅读对象的社会阶层属性上区分，而只能从精神上予以界分。"平民文学"与贵族文学的不同之处在于"内容充实，就是普遍与真挚两件事"。应该说，这是对其"个人主义的人间本位主义"主张在"人生"与精神的群体性联系上，所作的补充和必要的延伸性说明。两者的结合，恰可见出周作人的全面理解。

"文学革命"所表述的这些新观念、新理论的宏观性和感性形态的特征体现，有赖乎作为理性舆论置辩于传媒构建的拟态辩论场的环境。应该看到，也正因为这样的"环境"才使意见获得了充分表达，与公众产生了热烈的互动，得到了广泛的社会评价，从而"使文学革命"的价值取向符合社会发展目标的需要。

意见是舆论的外壳，是构成舆论的主要外在因素；集合意识是舆论的内核，它的决定因素是公众利益目标和价值观的一致。"文学革命"舆论的形成在于公众见解体系和公众意识的整合契合了社会心理发展的需求机制，使意见的传播借助社会启蒙的情绪感染而速度加快。可以看到，传媒的发展为"文学革命"议题所引发的辩论提供了发表意见、集合意见的场所，使许多人拥有共享的拟态空间，因而辩论场信息密度大，信息互动频率高，使言论处于激活状态，吸引人

---

① 转引自孔范今《走出历史的峡谷》，第180页。

们在辨别中趋向正确的意见，也使持正确意见的辩论者获得
了更多的言论支持。

二 文学革命舆论的发展

"文学革命"作为一种理性舆论的形态，是在 20 世纪初
中国面临社会转型的特定历史条件下出现的，是对社会现实
规律的抽象思维的表达，其意图在于为巨变中的社会提供一
种认知模式，从文学视角着力，指出社会发展变革的方向。
"文学革命"理论和社会转型现实的紧密关联，必然会引起
不同的理论与其对峙、辩难，并使以"文学革命"为发端的
新文学理论在关注与辩论中获得发展。而新文学理论的修缮
自身也正是需要群议鼎沸的舆论环境。

学衡派的理论争鸣

"文学革命"舆论的发展是在争鸣中进行的，较为著名
而且影响深刻的是新青年派与"学衡派"的论辩，另外还有
与甲寅派的论争。

"学衡派"以《学衡》杂志而得名。《学衡》杂志 1922
年在南京创刊，同人为吴宓、梅光迪等，他们多留学美国，
受过西洋文学的熏陶。该杂志共出版 11 年，共 79 期，约
700 万字。《学衡》杂志每期都表明宗旨："论究学术，阐求
真理，昌名国粹，融化新知。以中正之眼光，行批评之职
事。无偏无党，不激不随。"它以对传统文化的整理和中西
文化研究为主要内容，是一个综合性的文化刊物。学衡派对
学理的阐发大多是将新青年派的理论作为指向。二者的基本

理论观念，从文学的角度看，新青年派更强调白话文和新文学对社会启蒙的意义，文学的发展是基于社会进化论的线形思考；而学衡派对于文言的坚守更多的是源于对文学自身学理上的阐释，对文学的发展更重视对文学自身发展规律的考察，"重视文学自身的连续性，认为文学的发展不过是蜕旧出新的演化"①。

对于新青年派反对的儒学和孔子，吴宓以自身的理解进行学理上的反驳："宓曾间接承继西洋道统，而吸收其中心精神。宓持此所得之区区以归，故能了解中国文化之优点与孔子崇高中正。"② 这是吴宓在对西学研究背景上对传统文化价值的重新体认，与林纾等维护"孔教"有着本质区别，是现代意义上的对传统价值的理性信念。而对于新文化运动，吴宓认为："新文化运动，其名甚美，然其实则当另行研究。故今有不赞成该运动之所主张者，其人非必反对新学也，非必不欢迎欧美之文化也。若遽以反对该运动之所主张者，而即斥为顽固守旧，此实率尔不察之谈。譬如不用牛黄而用当归，此亦用药也，此亦治病也。"③ 这表明学衡派与新青年派的根本分歧不在于是否进行新文化运动，而在于对新文化建设途径的选择上。学衡派对新青年派的文化现代转型的方案和规划有异议，对新文化生成培植的方式有建构在学理分析基础上的独立见解。新青年派把传统放在与现代对立的层面上，以"西化"对传统文化进行"彻底的"、"全

---

① 孔范今：《二十世纪中国文学史》，第 366 页。

② 吴宓：《空轩诗话》，载《吴宓诗集》，中华书局 1935 年版。

③ 吴宓：《论新文化运动》，《学衡》1922 年第 4 期。

盘"的改造，而学衡派则是主张"创新之道，乃在复古欧化之外"①。对于欧西文化要选取，其标准是"已认其本体之有价值，当以适用于吾国为断，适用云者，或以其与吾国固有文化之精神，不相背驰，取之足收培养扩大之功，如雨露肥料之于自然物"②。

然而，在对待"文学革命"的评议上，在对待新文化的建设方式上，学衡派与新青年派的对话在出发点上更多地表现为一种错位，或许因为传媒的发达使虚拟辩论场的辩论越发远离信息的现实之源。因为新青年派之提倡文学要革命，提倡新文化运动，是出于社会发展的历史需要，在于推动社会由传统到现代转型的质变意义，而学衡派对新文化的建设更多的是具体局限于"新文化"自身生成的途径和生长的方式。比如，"'进化论'在'五四'新文化人物那里并不是作为科学真理，而是作为道德命令出现的"。"这个学说是以传统文化和现实秩序的挑战者和控诉者的面目出现的，它根本不再是一种关于自然的理论，而是试图为人的思想和信仰树立一种规范的律令。"③ 因此，就新青年派而言，进化论的意义是他们进行新文化和"新文学革命"的一种依据，这种依据的价值体现在为"文学革命"议题的运动式推进提供科学的支撑力，获得社会道德的合理性的支持，为"革命"的进行探寻一种说服性的理由。而学衡派则否认进化论之应用于人事之学的正确性，对新青年派对文化和文学新/旧、古/

---

① 吴芳吉：《再论吾人眼中之新旧文学观》，《学衡》1923年第2期。

② 梅光迪：《现今西洋人文主义》，《学衡》1922年第8期。

③ 汪晖：《无地彷徨》，浙江文艺出版社1994年版，第16—17页。

今划分的基本概念提出质疑，学衡派认为"何者为新？何者为旧？此至难判定也"，认为"层层改变递嬗而为新，未有无因而至者。故若不知旧物，则决不能言新"①。

学衡派这种推衍发展观点虽然对新青年派线形认知方式起到一定程度的纠偏、补正作用，但也在否定新青年派的同时，使自己的理论观念陷于另一向度的偏执。而就新文化和新文学发展的整体格局来看，也正是这些个体之偏交互推拉，使新文化和新文学的发展展现出旺盛的生命力，并使其中的一偏在符合历史的发展逻辑中获得阶段性的凸显。

有的学者认为："《学衡》杂志创刊于 1922 年 1 月，这时，五四新文化运动已告一段落，人们开始回顾和检讨这一运动的得失，《学衡》杂志本身就是对五四新文化运动最切近的反思的产物。"② 也正因于此，立言在反思基础上的学衡派的理论争鸣成为和以"文学革命"为表征的新文化理论对峙中的最有力的一翼。同时也说明，"文学革命"舆论的发展在于其内在因素即信念和信仰的总和起了作用，即便是外界的刺激消失，它仍然存在，它仍然被关注。这也就是新文化理论观念作为社会价值取向的主流文化而恒久被关注、传播的根本原因。

鲁迅曾深刻地指出："既许信仰自由，却又特别尊孔；既自命'圣朝遗老'，却又在民国拿钱；既说是应该革新，却又主张复古。四面八方几乎都是二三重以至于多重的事

---

① 吴宓：《论新文化运动》，《学衡》1922 年第 4 期。

② 乐黛云：《世界文化对话中的中国现代保守主义》，载《解析吴宓》，李继凯、刘瑞春选编，社会科学文献出版社 2001 年版，第 9 页。

物，每重又各自相矛盾。一切人便都在这矛盾中间，互相埋怨着过活，谁也没有好处。""要想进步，要想太平，总得连根的拔去'二重思想'，因为世界虽然不小，但彷徨的人种，是终究寻不出位置的。"① 就《学衡》杂志的出版年限、期刊数、字数和其秉承的宗旨来看，其理论观念在中国社会向现代化转型中有其存在的土壤和发展的园地，也是中国文化历史发展的一种选择，一种态度，一种姿态。也是新文化理论中以异质思维形式为表象的现代意义中的一个物种，是相对"激进"而呈现的"保守"。然而，中国社会转型初期，面对旧格局的坚实之壁，历史的发展表现出对突围力量的渴望与选择，也正因为学衡派的理论观点在文化转型发展上具有学理上合理性的一面，难以形成峻急的态势，使它在中国社会转型突围之际，难以担当把历史推向新生一面的责任。

"文学研究会"与"创造社"

在"文学革命"议题提出的同时，可以说在梁启超倡议"三界"革命的时候，文学功利性和文学审美的独立性就已成为文学现代转型中相互矛盾的两种思考，而在中国社会现代转型的历史发展的态势中，文学审美的独立性必然被文学功利性所遮蔽，但是来自于文学自身的独立追求却并不因为社会政治的规约而减弱，而是不断地在某个适当的时期显露出自己的峥嵘，使审美的独立性与功利性形成对峙，并在对峙中获得调和发展，而中国现代文学的价值追求也正是体现

---

① 鲁迅:《热风·随感录五十四》,《鲁迅全集》第 1 卷, 人民文学出版社 1981 年版, 第 344 页。

在对二者的协调之中。

当以"文学革命"为导引的新文学运动以另一种深在的方式获得发展的时候，文学功利性和文学审美的独立性的对峙就以双峰对立的姿态呈现出来，并且附着于组织和刊物中。这就是1921年相继成立的倡导"为人生"的文学研究会和倡导"为艺术"的创造社。而文学研究会和创造社的成立在表明文学革命实绩的同时，也开始了文学自身发展的挣扎与追求。这就是文学功利性和文学审美的独立性的对峙具化为"为人生"和"为艺术"的争论。

文学研究会发起人有沈雁冰、周作人、郑振铎、孙伏园等12人，后来成员的发展达到170多人。① 单从作为当时重要文学社团之一的文学研究会会员的数量，可以说明新文学已经作为一种事业被越来越多的人孜孜以求。也正因此，《文学研究会宣言》指出："将文艺当作高兴时候的游戏或失意时的消遣的时候，现在已经过去了。我们相信文学是一种工作，而且又是于人生很切要的一种工作；治文学的人也当以这事为他终生的事业，正同劳农一样。"此宣言不仅标示出自清末以来寄启蒙于文学的先行者的努力有了肯定性的结果，而且更为重要的是，它赋予从事文学这一职业的人具有使命感的社会尊严和自我价值的发现与尊重，而这种赋予背后更多的源自于对文学功利性的思考。

虽然文学研究会在其机关刊物《小说月报改革宣言》中认为："同人以为今日谈新文学非从事模仿西洋而已，实将

---

① 据舒乙统计，文学研究会会员有172人，详见《冰心与文学研究会》，《当代作家评论》1992年第1期。

创造中国之新文艺，对世界尽贡献之责任：夫将欲取远大之规模尽贡献之责任，则预备研究，愈久愈博愈广，结果愈佳，而不论如何相反之主义咸有研究之必要。故对于为艺术的艺术与为人生的艺术，两无所袒。"但不久作为《小说月报》主编的沈雁冰即在其《新文学研究者的责任与努力》中的说法有了不同："虽则现在对于'艺术为艺术，艺术为人生'的问题，尚没有完全的解决，然而以文学为纯为艺术的艺术，我们应是不承认的。"并且，沈雁冰认为："我们觉得对于黑暗的呼吁和诅咒，都是人们心底里涌出来的血与泪，不论他的艺术价值如何，我们总表示无限的敬意！"[1] 对此，作为创造社主要成员之一的郁达夫作出评价："古今来这些艺术家所以要建设这无何有之乡，追寻那梦里的青花的原因，究竟是在哪呢？约而言之，不外乎他们满腔郁愤，无处发泄，只好把对现实怀着的不满的心思和对社会感得的热烈反抗，都描写在纸上。……表面上似与人生直接最没关系的新浪漫主义派的艺术，实际上对人世社会的疾愤反而更深。……谁知没出息的后起者，不能看破前人的苦衷，造出'为艺术的艺术'和'为人生'的名词来，痛诋他们。以为他们是与人生无补的……艺术就是人生，人生就是艺术，又何必把两者分开来瞎闹呢？试问无艺术的人生可以算得人生么？"[2] 对郁达夫的评语不应仅仅理解为为新浪漫派的辩护，实际上也是一个作家对于文学感同身受的理解：在维护文学审美的独立品格的同时，从来不曾忘记对社会人生的关注，

---

① 沈雁冰：《呼吁？咒诅？》，《小说月报》第 12 卷第 6 号。

② 郁达夫：《文学上的阶级斗争》，《创造周报》第 3 号。

而且离开了社会人生也就没有文学生长的根基。

尽管郁达夫在"纯文学季刊《创造》出版预告"中亦强调:"自文化运动发生后,我国文艺为一二偶像所垄断,以致艺术之新兴气运,渐灭将尽。创造社同人奋然兴起打破社会因袭,主张艺术独立。"在创造社作家们看来,"创作家创作时,功利思想不准丝毫夹杂入心坎里。创作家所常讲究的事只在修养自己的精神人格,艺术便是最高精神底表现物"①。但是,事实上创造社的作家们对于被指为"为艺术而艺术"是不接受的,而且对于"为艺术而艺术"之多被理解为"颓废"十分恼火:"有些人宣传我们的本来不值一钱的文字为'为艺术的艺术',称我们为颓废派,一些以耳代目的人便也一齐向我们乱指……我以为文艺与社会运动素来是取同一方向的,打出了社会运动家的聪明人呦,你们也不要因为自己不曾看见,便诬他人不是同你们在一个方向走!"② 其实他们强调文学审美的独立性是在对文学急功近利的社会语境中对文学自身的警醒,而不是割断文学之于社会人生的血脉关联。创造社与文学研究会所持的都是二元的文学观,只不过是为人生派在兼顾审美的同时偏重于文学启蒙的功利意义,而为艺术派在肯定文学对社会责任承担的必要性前提下,倾向于对文学自身审美建设的追求。

从另一个角度看,王晓明在其文章《一份杂志和一个

---

① 郭沫若:《论诗》(致陈建雷书),载《文艺论集》,上海兴华书局1925年版。

② 成仿吾:《江南的春讯》,《创造周报》第48号。

"社团"》① 中分析了文学研究会的形成过程和组织形式，指出"文学研究会这样独特的团体的出现，正是《新青年》模式在文学领域里扩散的结果"。而"文学研究会这样自居为中心的团体的出现，以及由此引起的争夺中心的斗争，却在文学界造成了一种强烈的印象，似乎文学应该有一个中心，应该有一种文学理论来充当主流。创造社所以要打出他们自己并不十分信仰的为艺术而艺术的旗帜，就是为了向文学研究会争夺理论的主导权"。这种论说应该是一种判断，一种角度，一种阐释，但是，无论是"为人生"还是"为艺术"口号的提出，在形式上表现为社团之间争斗的功利性目的之外，其内含的确实是对文学功利性和文学审美独立性矛盾的揭示。而这种揭示也正是自清末民初以来"文学救国"论作为传媒社会价值取向所积淀沉潜的矛盾在某个时段适时的张扬，是文学独立的一种表现。而且，"为人生"的文学功利性和"为艺术"的文学审美的独立性追求，都是统一于文学自身不能分离的，是文学之成为文学的属性。文学研究会和创造社关于"为人生"和"为艺术"的论争实际上也是文学有关自身发展的对话与自我拷问，是文学在良好的生态环境中生命力的表达，同时也是对"文学革命"强调文学功利性主题的消解。文学研究会和创造社的成立，开启了新文学相对独立发展的历史，它们"为人生"的文学功利性和"为艺术"的文学审美的独立追求，它们的文化观念和文学观念，从根本上来说，仍是人本主义伦理主义的。

---

① 王晓明主编《批评空间的开创》，东方出版中心 1998 年版，第 206—207 页。

三　现代小说与新出版物

"文学革命的目的是要用活的语言来创作新中国的新文学，——来创作活的文学，人的文学。新文学的创作有了一分的成功，即是文学革命有了一分的成功。"① 因此，随之，新文学作品的涌现，特别是现代小说的出现与发展，使"文学革命"由一种表层意识的舆论形态，凝固为社会意识活动的深层思想成果，同时现代小说作为新文学作品形象获得的独立力量打破并重建了传统文学格局。而新出版物的蜂起又为新文学作品，特别是现代短篇小说提供了生长的园地和发展的舞台。从某种意义上说正是现代传媒的发展塑造了现代短篇小说的现代文本形态，同时新文学作品（现代小说）也为新出版物的信息传播与流动注入了新的生命力。

现代小说

"文学革命"期间，虽然在诗歌方面如胡适的《尝试集》、郭沫若的《女神》、汪静之的《惠的风》等等，虽然其内容和形式的现代性品格给文坛带来了清新的气息，但是真正打破传统，重建现代文学格局的却是小说。因为中国的小说历来被视为"小道"，在文学的边缘之外，不能与在古典文学中拥有崇高地位的诗歌并肩。一直到清末民初，小说开始由文学的边缘向中心移动，这多源于读者对阅读的选择性的需求，使知识者发现了小说的力量与价值。康有为曾讲：

---

① 胡适：《胡适说文学变迁》，上海古籍出版社1999年版，第216页。

"吾问上海点石者曰：'何书宜售也？'曰：'书''经'不如八股，八股不如小说。宋开此体，通于俚俗，故天下读小说者最多也。启童之知识，引之以正道，俾其欢欣乐读，莫小说若也。"① 而梁启超更提出以"小说"达到群治之目的："今日欲改良群治，必自小说界革命始！欲新民，必自新小说始！"② 而新小说则是自"文学革命"始！"文学革命"给小说的现代转型提供了契机，《新青年》杂志则为具有开端意义的现代体式的鲁迅小说《狂人日记》提供了现代传媒平台。"《狂人日记》之所以被称为第一篇现代白话小说，其中一个重要原因是它打破了中国传统小说注重有头有尾、环环相扣的完整故事和依次展开情节的结构方式，而以十三则'语颇错杂无伦次'，'间亦略具联络者'的不标年月的日记，按照狂人心理活动的流动来组织小说"。而且"《狂人日记》尤其富有创造性的尝试，小说'日记本文'采用了白话文体，却又精心设计了一个文言体的'小序'，从而形成了两个对立的叙述者（'我'与'余'），两种叙述，两种视点"③。从而通过文本自身的分裂特征，拉张了传统与现代的对立，揭示了封建礼教和封建文化"吃人"的本质。

《狂人日记》以其"表现的深切和格式的特别"——叙事内容与表现形式的现代化形态开辟了中国文学发展的一个新的时代。这种"新"表现在小说叙事主角的变化。鲁迅指出，"古之小说，主角是勇将策士，侠盗赃官，妖怪神仙，

---

① 康有为：《〈日本书目志〉识语》，1897年版。

② 梁启超：《论小说与群治之关系》，《饮冰室合集》文集第二册（十）。

③ 钱理群、温儒敏、吴福辉：《中国现代文学三十年》，北京大学出版社1998年版，第44页。

佳人才子，后来则有妓女嫖客，无赖奴才之流。'五四'以后的短篇里却大抵是新的智识者登了场。"① 而小说主角多为"新的智识者"，其中因由是社会转型期的时代背景，与知识分子自觉的启蒙责任的承担，所致"新的智识者"的思考之痛。马克斯·韦伯认为：透过任何一项事业的表象，其背后都有一种时代精神的力量在支撑着，这种精神力量与社会的文化背景有着内在的渊源。鲁迅说道，写小说的目的在于唤醒民众，改良社会，因而"我的取材，多采自病态社会的不幸的人们中，意思是在揭出病苦，引起疗救的注意"②。也正是这种自觉而强烈的启蒙意识，鲁迅的小说叙事力在表现"农民与知识分子"，开创了中国现代文学的主要题材。继《狂人日记》之后，鲁迅在 1918 年至 1922 年连续写了 15 篇小说，于 1923 年 8 月编为短篇小说集《呐喊》；1924 年到 1925 年所作小说 11 篇，收入 1926 年 8 月出版的短篇小说集《彷徨》。鲁迅的《呐喊》与《彷徨》是中国现代小说走向成熟的标志，"中国现代小说在鲁迅手中开始，又在鲁迅手中成熟，这在历史上是一种并不多见的现象"③。

鲁迅在现代小说上的贡献在中国现代文学的发展历程中，其遮蔽式的引领之功不可没。基于社会启蒙的功利需要，在"文学革命"观念规约于"启蒙主义"思潮的背景下，在鲁迅的小说对现代中国农民与知识分子的灵魂进行

---

① 钱理群、温儒敏、吴福辉：《中国现代文学三十年》，北京大学出版社 1998 年版，第 38 页。

② 鲁迅：《南腔北调集·我怎么做起小说来》，《鲁迅全集》第 3 卷，第230 页。

③ 严家炎：《〈呐喊〉〈彷徨〉的历史地位》，载《世纪的定音》，作家出版社 1996 年版，第 64 页。

"在高的意义上的写实主义"拷问的时候，在欧洲、俄国表现以社会人生为主的作品刺激下，有一批客观写实派的新作家以其小说实绩，建设了现代市镇和乡土文学的基本叙事模式，客观写实从"问题小说"发端。

1919 年女作家冰心在《晨报副刊》上发表了《斯人独憔悴》等，使"问题小说"的写作蔚然成风，而 1921 年"文学研究会"的成立，其"为人生"口号的提出，更使"问题小说"的写作走向高潮。"问题小说"是五四启蒙的产物，"问题小说"的作者并不都是纯粹的写实派，但是从事"问题小说"写作的作家大部分后来都先后倾向于现实主义。由于"问题小说"作品题材的局限性以及作品自身概念化、简单化的弊端，所以其流行时间不长。从"问题小说"起步，后来成为"五四"人生派小说代表作家的是叶圣陶。叶圣陶在发表于 1925 年的短篇小说《潘先生在难中》，以讽刺的手法塑造出一个自私、疑惧、投机、苟安、卑琐，具有多侧面而又统一的小市民性格典型。他开创的"逃难"题材最适合调用讽刺的手法，但是对他的讽刺文学的价值需要给予足够的重视。① 在现代乡土小说方面，鲁迅具有开山之功，而把乡土小说推向第一个高潮的是文学研究会的一批青年作者，他们是王鲁彦、彭家煌、台静农等。其中王鲁彦的《柚子》、《菊英的出嫁》，彭家煌的《怂恿》，台静农的《地之子》小说集等，都表现了新作家对于社会现实的深切关注，对于以农民为代表的民众的关切，而且此类小说作品在注重思想表现力的同时，还注重追求对小说人物艺术形象的塑造。

---

① 钱理群、温儒敏、吴福辉：《中国现代文学三十年》，第 65—66 页。

以"文学革命"为契机而发端的新文化启蒙运动，使中国文人固有的抒情气质在个性与青春气息张扬的时代获得更强烈的表现欲，因此以创造社为主要代表的浪漫主义抒情小说家，在他们的小说中把"表现自我"的主观性推向表现的极致，而小说这种主观性与抒情性的美学追求正是对传统小说观念的突破。中国现代抒情小说的最初文本是"自叙传"抒情小说，它以郁达夫 1921 年出版的《沉沦》小说集为开端。郁达夫大部分小说都取材于作者个人的生活体验或情感历程，作品用第一人称"我"来叙述自己，或者用第三人称写自己的化身，通过个人情绪的流动和心理动态发展来组织小说叙事。郁达夫曾讲一切小说都是作者的"自叙传"，作者的经验"除了自己的之外，实在另外也没有比此再真切的事情"①。但是"自叙传"并不是作者的自传，"自叙传"只是小说叙事的一种艺术形式，是作者通过表现个体的生命体验从而达到表现社会本身。紧随郁达夫之后，创造社后起的青年作家和浅草社、沉钟社的作家构成了抒情作家群体，除此之外，还有以抒情见长的田园作家冯文炳。

其实，从所拥有资料获得的信息都已是对中国现代小说现实的历史过滤。中国现代小说起始于多元化的形态。开放性即现代性，对外国阶段性的浪漫主义、写实主义、现代主义等创作方法的"共时"吸收，使中国现代小说的生长拥有一个丰富性的参照物系。而且丰富性亦即现代性的标志之一。客观写实和主观抒情作为现代小说发展的两大流动之

---

① 郁达夫：《序李桂著的〈半生杂记〉》，载《郁达夫文集》第 7 卷，花城出版社 1983 年版，第 279 页。

脉，在发展中是相互渗透，彼此倚重的，它们共同支撑小说以独立的形象进入文学场，使传统的文学格局得以重建。

新出版物

在这里，新出版物主要是指响应发端于"文学革命"的新文化运动而急速增加的思想文化期刊和顺应新文化运动的发展而改革的旧刊物。因为正是这些新出版物的蜂起才使新文学作品由思想变为可把握的文本，特别是现代短篇小说也正是借助这些新出版物的传媒形态使自己的发展在短时期内走向成熟。

在《新青年》杂志创刊之前，文学革命尚未倡议时期，中国的期刊多数都是文言文的，内容也多是千篇一律的。这些期刊可分为四类：第一类是公式化的官方公报，登载的是官僚信息；第二类是中小学校、大学当局或学生出版的期刊。这类期刊虽有增多，但内容依然是课堂作业或陈旧古板的议论；第三类是适合大众口味的杂志。杂志多什么问题都谈，没有立场，也少有文学价值；第四类是评论性的期刊。这类期刊多发议论，提倡"国粹"，如古代伦理的"三纲"等。①语言的呆板和内容的毫无生气是当时期刊的最大特点，不仅期刊如此，其他出版物亦是如此。胡适在 1917 年夏天从美国回到中国时，他想找一本在过去 7 年内出版的有关哲学的中文书。在上海他竭力搜求一天，才找到一本《中国哲学史》。据胡适说，作者的贡献只有如此结论："孔子既受天之命"和"与天地合德"。对此胡适批评道："总而言之，上海的出版

---

①　周策纵：《五四运动史》，岳麓书社 1999 年版，第 260 页。

界——中国的出版界——这七年来简直没有两三部以上可看的书！不但高等学问的书一部都没有，就是要找一部轮船上火车上消遣的书，也找不出！"① 知识的传入和信息的传播受制于出版物。一位念政治学和法律的大学生竟不知道日本是一个岛国，不知道日语跟英语乃是大不相同的语言。② 出版业停滞不前的根本原因源于中国长期封关锁国的传统行为和意识在政治、经济和文化上的积淀以及近代以来的战争影响，特别是1914年以后对报刊和出版的严格限制直接造成这种局面的形成。而《新青年》杂志的创刊，特别是"文学革命"议题的提出而致新文化运动的兴起，使白话文不仅成为新出版物的现代语言，也成为旧出版物改革的方向，而且白话文的运用直接带来出版物内容的变革，更为重要的是出版物语言和内容的现代化变革更进一步促进了思想的现代转型。

"五四"运动的爆发不排除新文化运动的影响，但"五四"运动的发生又促进了旧出版物的改革和新出版物的急速增长，这是"五四"作为重大事件的新闻价值给出版物带来的社会效益和经济效益的驱动使然。如上海的一家日报《时报》，在1919年以前，是一份在中国教育界受欢迎的日报，而1919年以后，当青年知识分子走向新的方向时，这份报纸还是固执传统的内容和形式，结果是销量急剧下降，不久便被迫停止出版。在五四事件发生以后的半年内，中国约有四百种白话文的新刊物出现。③

---

① 周策纵：《五四运动史》，第260页。

② 同上。

③ 孔范今：《走出历史的峡谷》，第372页。

表 3-1 是一些比较有影响的新出版物：

表 3-1　五四运动后有影响的新出版物

期刊名称	创刊日期	出版地点	立场
《新青年》月刊	1915 年 9 月	上海	独立
《太平洋》月刊	1917 年 4 月	上海	独立
《每周评论》	1918 年 12 月	北京	独立
《新潮》月刊	1919 年 1 月	北京	独立、学生
《国民》月刊	1919 年 1 月	北京	独立、学生
《新教育》月刊	1919 年 1 月	上海	独立
《星期评论》	1919 年 6 月	上海	国民党机关刊物
《少年中国》月刊	1919 年 7 月	上海	少年中国学会
《建设》月刊	1919 年 8 月	上海	国民党机关刊物
《解放与改造》半月刊	1919 年 9 月	上海	进步党机关刊物
《少年世界》月刊	1920 年 1 月	上海	少年中国学会

从这些新出版物的名字和其创刊宗旨，可以看出时代的气息。它们在社会价值趋向趋同的前提下，运用相似的媒体语言，从不同的视点观察并推动社会变革。而在新出版物急速诞生的同时，旧出版物为避免被时代和市场淘汰也加速了语言和信息传播内容的改革。在旧刊物变革中影响最大的当属《小说月报》。1921 年当茅盾接手革新《小说月报》时，《礼拜六》、《红玫瑰》等鸳鸯蝴蝶派的刊物实际上还占有很大的读者市场。在这种情势下，茅盾与其同志者提出"为人生"的新文学观念，直接指向"游戏的消闲的"文学，把一份由鸳鸯蝴蝶派占据的杂志改造为严肃的"为人生"的新文学杂志，为现代小说的发表提供了空间，同时注重翻译西方文学作品。改革后的《小说月报》发表了文学研究会的宣

言，宣言表明从事新文学事业的人能够"互相理解"，"结成一个文学中心的团体"，同时要增进外国文学方面的知识，"建立著作工会的基础"，使文学不再是一种"游戏的消闲的"文学，而是一种"终生的事业"。《小说月报》成为新文学团体的机关刊物。而在这个时期，报纸副刊的变革也是非常注目的，并且对后来报纸的副刊影响很大。

新文化运动兴起之前，报纸副刊多为鸳鸯蝴蝶派的消闲作品，甚至还有一些低级庸俗的东西。随着"文学革命"议题的提出，新文化运动的兴起，报纸副刊的改革也相继开始，新思潮、新文化成为副刊传播的内容。副刊的社会影响扩大了，社会意义增强了，涌现了较为有影响的"四大副刊"。它们是《学灯》、《晨报副镌》、《觉悟》、《京报副刊》。

"在近代新型文学由传统到新型的转换过程中，一个很重要的现象就是对于新闻传播形式的依托，由报纸副刊到刊物，都曾是近代文学尤其是小说的重要发表园地。"[1] 也正是伴随着新出版物规模的壮大，新文学作品的创作和发表有了赖以支撑的坚实的传媒基础，此时，在中国现代长篇小说处于稚嫩的生长时期，时代环境和大众传媒的形态为现代短篇小说的快速成长提供了机会，现代短篇小说表现出了勃勃生机，成为新出版物主要的信息内容。但是，新文学作品观念上的严肃性与传媒市场"读者要求"之间的悖论是需要新文学作家和传媒从业者不懈关注和不断调适的。

---

[1] 参阅孔范今《走出历史的峡谷》，第13—15页。

第四章　文学作品的刊载及其舆论共鸣

　　"一个文学运动的历史的估价，必须包括它的出产品的估价。单有理论的接受，一般影响的普遍，都不够证实那个文学运动的成功。"[①] 因此，"文学革命"议题作为理性舆论形态进行理论置辩的同时，《新青年》杂志的编辑同人亦注重《新青年》对于新文学作品的登载，因为文学作品以其艺术形象的魅力对舆论的启迪作用，更能以潜移默化的形式在读者中引起深层的心理呼应，实现文学作品的思想性向共同意见的转化，与"文学革命"倡导的理论观念的互动、共鸣，使"文学革命"声势大增，把新文化运动推向高潮。因此本章试图运用定量分析的方法，运用较为直观的图表，分析《新青年》杂志登载文学作品的数量、类比及其变动趋势，从而获得对"文学革命"进行研究的另一条途径。

　　文中所指《新青年》杂志文学作品主要为小说、散文、诗歌、戏剧，不包含文学文艺理论，也不包含《新青年》杂

[①]　胡适：《胡适说文学变迁》，第215页。

志"随感录"专栏之短文。如表 4-1 是以每卷每号目次表作为参考依据,统计范围为《新青年》杂志第 1—9 卷,参考文本为上海书店 1988 年 6 月第一次印刷影印本。

一 文学作品的刊载数量

文学作品与其他作品数量之比较见表 4-1。

表 4-1 文学作品与其他作品数量

单位:篇/首/组诗

卷　　　　　　类别	文学作品	其他作品	作品总量
第 1 卷	15	76	91
第 2 卷	18	69	87
第 3 卷	16	69	85
第 4 卷	36	61	97
第 5 卷	45	88	133
第 6 卷	41	110	151
第 7 卷	27	104	131
第 8 卷	39	136	175
第 9 卷	24	99	123
总计	261	812	1073

从表 4-1 和图 4-1 所示可以看到,第 1—9 卷《新青年》杂志中文学作品总数量为 261 篇/首,含组诗;其他作品 812 篇,含组稿。文学作品在《新青年》杂志中所占比例仅为 24%,其他作品所占比例为 76%,由此可以判断证明,《新青年》是一份综合的文化类杂志,文学作品所占版面较小,但《新青年》杂志所倡导的"文学革命"对"文学"的影响

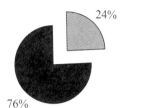

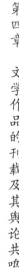

图 4-1　文学作品与其他作品在作品总量中所占百分比

却远远超过当时其他纯文学报刊，这说明，其他作品对"文学革命"的探讨、启示甚至规划与影响不失为一个很重要的支撑因素，甚至超过了文学作品本身所给予"文学革命"的影响。可以这样说"文学革命"首先是理论革命、思想革命，在理论、思想遮蔽式的影响下，文学实践的革命才慢慢启动。其中因由很值得深思与探索，有关研讨已经进行多年，成果也很多，但是，把《新青年》作为一本杂志、作为一种媒体形态，把"文学革命"作为一次媒体的话题策划来审视，目前成为体系的理论还没有出现，本书力求在填补这一空白上做些尝试。

中国文学作品与外国文学作品数量之比较见表 4-2。

表 4-2　中国文学作品与外国文学作品数量

单位：篇/首/组诗

卷 ＼ 类别	中国文学作品	外国文学作品	文学作品总数量
第 1 卷	3	12	15
第 2 卷	8	10	18

卷 \ 类别	中国文学作品	外国文学作品	文学作品总数量
第 3 卷	11	5	16
第 4 卷	28	8	36
第 5 卷	29	16	45
第 6 卷	30	11	41
第 7 卷	16	11	27
第 8 卷	29	10	39
第 9 卷	14	10	24
总计	168	93	261

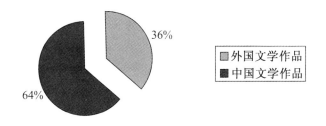

图 4-2 中国文学作品与外国文学作品在文学作品总量中所占百分比

　　表 4-2 和图 4-2 表明，对《新青年》杂志中文学作品进行分类，中国文学作品为 168 篇/首，外国文学作品为 93 篇/首，含组诗。其中中国文学作品所占文学作品比例为 64％，外国文学作品所占文学作品比例为 36％。但在此需要说明的是，对中国文学作品数量统计中，基本上依据每卷每号目次表，一首诗即视为"1"个数量，而在对外国文学作品的统计中，依据每卷每号目次表有两组诗被视为"2"个数量，其中

一个是第 8 卷第 3 号杂译组诗 23 首，另一个是第 9 卷第 4 号日本组诗 30 首。如此，为尽量求得公平科学，在此对两组诗进行拆分，按中国文学作品统计中对诗歌一首视为"1"个数量，得到如表 4-3 和图 4-3 的结果，中国文学作品数为 168 篇/首，数量没变，而外国文学作品数量增至 144 篇/首。这样二者之间的比例有了很大的变化，中国文学作品所占文学作品的比例为 54％，外国文学作品所占文学作品比例为 46％，二者接近持平。这说明《新青年》作为并非以译作为本，并非以文学作品为主，并非以外国文学作品为特色的杂志，在文学版面如此有限的情况下，如此看重外国文学作品的翻译引进，旨在为中国文学的现代转型，为"文学革命"提供范本。

表 4-3　外国文学作品中组诗拆分后数据变化

单位：篇/首

卷＼类别	中国文学作品数量	外国文学作品	文学作品总数量
第 1 卷	3	12	15
第 2 卷	8	10	18
第 3 卷	11	5	16
第 4 卷	28	8	36
第 5 卷	29	16	45
第 6 卷	30	11	41
第 7 卷	16	11	27
第 8 卷	29	32	61
第 9 卷	14	39	53
总计	168	144	312

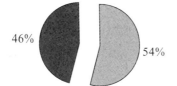

图 4-3　外国文学作品中组诗拆分后中国文学与外国
文学作品所占文学作品总量比例变化

外国文学作品按国家分类后的数量见表 4-4。

表 4-4　外国文学作品按国家分类后之数量

国别（或民族/作者）	代号	数量
俄国	1	23（杂译组诗 1 首）
英国	2	21（杂译组诗 5 首）
印度	3	6（杂译组诗 1）
日本	4	37（含日本组诗 30 首）
美国	5	2
葡萄牙	6	1
法国	7	8（杂译组诗 2 首）
挪威	8	12
瑞典	9	2
新希腊	10	3（杂译组诗 2 首）
波兰	11	7（杂译组诗 2 首）
丹麦	12	1
德国	13	1
波斯	14	1

国别（或民族/作者）	代号	数量
南非	15	2
A. Dobson	16	1
Gibson	17	1
阿美尼亚	18	1
犹太宾斯奇	19	1
捷克	20	4（杂译组诗4首）
列忒伐	21	1（杂译组诗1首）
耶戈洛夫	22	1（杂译组诗1首）
凡贝尔格	23	1（杂译组诗1首）
拉忒伐亚库拉台尔	24	1（杂译组诗1首）
勃加利亚	25	1（杂译组诗1首）
波思尼亚	26	1（杂译组诗1首）
爱尔兰	27	1
西班牙	28	1
Wilfrid WilsonGibson	29	1

第四章　文学作品的刊载及其舆论共鸣

125

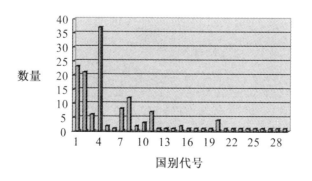

图 4-4　外国文学作品按国家类分之柱形

为了更接近事实本身，更准确地理解《新青年》杂志在翻译引进外国文学作品方面的意图以及编辑思想，从而对"文学革命"的特性有一个较为贴近的把握，表4-4则是把外国文学作品按国别（或民族/作者）进一步细分，其作品按组诗拆分后以国别（民族/作者）归类，图4-4以柱形图的形式更为直观地反映了外国文学作品按国别分类后的情况。通过表4-4和图4-4可以看到，在翻译引进的外国文学作品中，按作品数量位列前五名的国家是日本、俄国、英国、挪威、法国，外国文学作品的翻译引进基本上呈多元化的状态。而就作品本身而言，重点推出的则是崇尚写实主义的挪威作家易卜生的作品。为此，《新青年》杂志在第4卷第6号策划刊出"易卜生号"①，特设专页刊载了易卜生的两幅照片和手迹，并由胡适撰文写了《易卜生主义》长论，由此在思想文化方面产生了很大的影响，尤其是对文学的影响不仅触动了当时，而且更为深远地影响了将来。

文学作品数量变化趋势见图4-5。

图4-5依据表4-2对《新青年》杂志中中国文学作品数量、外国文学作品数量以及文学作品总数量的变化作比较，并以此分析文学作品数量变动走势。图4-5依据表4-2在外国文学作品数量中没有对翻译引进的两组诗拆分，注重了《新青年》杂志编辑对每卷每号目次表编辑思路的侧重。通过图4-5可以看到，文学作品总数量变化状态波动较大，影响其变化的主要因素是中国文学作品数量的变化状况，可以

---

① 《新青年》杂志第4卷第6号，上海书店出版社1988年版。

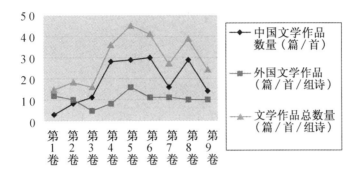

图 4-5　中国文学与外国文学作品数量及文学作品总数量变化趋势

说，中国文学作品数量的增减直接影响了文学作品总数量的
变动趋势，"文学革命"对于文学实践的触动已经使"文学
革命"意义规范中的作品生产处于动态之中，新文学处于生
长期。相对地，外国文学作品数量的变化波动较小，一直围
绕"10"这个数量上下波动，摆动幅度较小。更进一步分
析，可以看到外国文学作品的数量在第 3 卷形成一个低谷，
这说明中国知识分子较注重自己创作作品，因此使中国文学
作品的数量在第 6 卷之前一直处于上升趋势。尽管中国文学
作品数量在第 3 卷呈上升趋势，由于它的相对数量较少，符
合《新青年》杂志所倡导的"文学革命"范式的作品较少，
因而使文学作品总数在第 3 卷因为外国文学作品数量下降也
形成低谷。而在第 5 卷，无论是文学作品总数，还是中国文
学作品与外国文学作品的数量基本上同步达到高峰，这说明
从第 4 卷起实行的白话文学的创作引领了文学实践的高峰。
而后，文学作品总数和中国文学作品数量在第 7 卷同步形成
一次低谷，紧接着，在第 8 卷又同步形成一次高峰，这说明

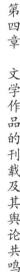

《新青年》杂志及其编辑处于文化焦虑状态，在面临大的变
动之前的反复，而随着文学作品总数和中国文学作品数量在
第9卷再次同步形成低谷，说明《新青年》杂志侧重点在于
对外国文学作品的翻译引进《新青年》杂志编辑的思考是相
对稳定的，同时也说明外国文学作品的翻译、西学的引进已
成为当时知识分子稳定的时尚，《新青年》杂志有相对稳定
的外国文学作品译介的稿源。

当然，以上图表的统计编制所带来的意义更多的是表
格与数据背后的问题，但是图表的编制将会使这些"问题"
的研究建立在一种基于事实的定量分析基础之上，从而使
对"文学革命"的研究回到"文学革命"作为媒体话题的
本身。

二 文学作品的舆论共鸣

"有足够的理由作出如下结论，即文学作品通过共鸣作
用表现为默化的舆论形态，比发声体之间的共鸣更为神
奇。"[1] 如果说理论置辩在"文学革命"舆论传播效果中起
到了使受众对社会转型环境的认知以及通过舆论引导力求形
成新的社会规范和价值的作用，那么文学作品所塑造的众多
艺术形象则为社会提供了行为示范，通过具体的人物塑造和
其行为模式直接地、潜移默化地影响人们的行为，使"文学
革命"所倡导的社会价值趋向通过鲜活的艺术人物形象表达
得更为直接。

---

[1]　刘建明：《社会舆论原理》，华夏出版社2002年版，第116页。

《新青年》杂志第4卷第6号推出了"易卜生专号"，刊载胡适的《易卜生主义》论文和袁振英《易卜生传》的同时，还刊载了罗家伦、胡适合译的《娜拉》、《国民公敌》和《小爱友夫》的节译。这次"易卜生专号"的推出在促成写实主义、"问题小说"盛行以及中国旧戏改革讨论的同时，《娜拉》中的女主角娜拉成为五四时代妇女解放追求自由的象征，成为多数妇女效仿的榜样，特别是娜拉最后一个动作——关上门的声音深深地震撼了无数青年妇女的心。娜拉回敬她丈夫的话："我的神圣职责是对自己负责"成为启蒙五四青年追求爱的权利的动力与根据，"恋爱自由"成为他们追求个性解放的风尚，也成为当时问题小说的主题。娜拉的"出走"具有实现其自身解放的重要意义，但是1923年鲁迅第一个提出了"娜拉走后怎样？"的问题，这是中国的娜拉们没有考虑过或者来不及考虑的问题。这个问题在这个时期的女作家的作品中不断得到多种阐释、描述：娜拉们"尽管她们能够很容易地以爱情的名义拒绝传统的婚姻制度，但是她们发现很难以她们对爱情的理解建立起新的人际关系或婚姻"①。鲁迅对自己提出的问题的回答是：娜拉不是堕落就是回来。其理由应该是女人没有取得经济上的独立和与男人同等的社会地位，娜拉式的出走充其量只是一种时髦，一种容易成为幻影的浪漫的想法。中国娜拉们的解放只有建立在社会制度的根本性质的变化上才能成为可以实现的现

---

① 李欧梵：《现代性的追求》，生活·读书·新知三联书店2000年版，第210页。

实。① 也正是借助"娜拉"这样一个文学作品中的人物，妇女解放、爱情等一些新的道德内涵才能讨论和体验得这么深刻，使人们认识到爱情是一种新道德，它和自由同等重要。同时通过"娜拉"这样一个形象载体把新的道德和精神观念潜移默化的传播得这么深入，这么久远。

《新青年》在第 4 卷第 5 号刊出鲁迅的《狂人日记》后，第 6 卷第 4 号又刊出了鲁迅的《孔乙己》，接着第 6 卷第 5 号刊出鲁迅的《药》等。这些文学作品在显示文学革命实绩的同时，更为文学革命呐喊。《狂人日记》中的狂人从写满"仁义道德"的史书的字里行间发现尽是"吃人"二字，进而又发现自己的大哥也是吃人者，然而五岁时死去的妹妹也被大哥吃掉了，焉知自己也于不知不觉之间吃了妹妹的肉。他只好把希望寄托到孩子身上：没有吃过人的孩子，或者还有？救救孩子……鲁迅通过小说艺术形象把儒教伦理统治的黑暗面予以暴露，以期引起人们疗救的注意。而"救救孩子"正是表明了鲁迅对中国改革绝望的同时仍有难舍的希望。而事实是，《狂人日记》等其他作品的创作和发表始于鲁迅这样一种心境：当钱玄同第一次为《新青年》杂志向他约稿时，鲁迅表达了拒绝的意思。鲁迅用了一个寓意很深的比喻作为回答：假如一间铁屋子，是绝无窗户而万难破毁的，里面有许多熟睡的人们，不久都要闷死了，然而是从昏睡入死灰，并不感到就死的悲哀。现在你大嚷起来，惊起了较为清醒的几个人，使这不幸的少数者来受无可挽救的临终

---

① 李欧梵：《现代性的追求》，生活·读书·新知三联书店 2000 年版，第 211 页。

的苦楚，你倒以为对得起他们么？但一经钱玄同略为表示不同意见，"然而几个人既然起来，你不能说绝没有毁坏这'铁屋子'的希望"，鲁迅则改变了意见："是的，我虽然自有我的确信，然而说到希望，却是不能抹杀的，因为希望在于将来，决不能以我之必无的证明，来折服了他之所谓可有，于是，我终于答应他也做文章了……"并且"从此以后，便一发而不可收。"① 鲁迅这样一个严谨的人，从拒绝到忽而改变主意，正源于他个人的特点："一方面笃信近代理性文化救国论，视为救世正道；一方面又执著现实，以救国救民为本位，以民族复兴为本位。而这两个方面，在近代中国，又不能历史的统一。鲁迅就长期生活在这个矛盾之中。"② 而鲁迅的这个特点，这种矛盾又渗透在他的文学理想里，因此他创作的目的便是"聊以慰藉那在寂寞里奔驰的猛士，使他不惮于前驱。至于我的喊声是勇猛或是悲哀，是可憎或是可笑，那倒是不暇顾及的；但既然是呐喊，则当然是须听将令的了"。这样鲁迅便借助文学作品的艺术力量为"猛士"呐喊，与他们共鸣，从小说的路径进入文学革命，进入新文化运动，并以其独特的文学精神深刻地影响了文学革命，影响了新文化运动，影响了中国新文学。

特别是鲁迅对"国民性"问题的关注，早在 1902 年他留学日本时就已经成为他思考的重心，也成为鲁迅进行文化启蒙的着力点，因此，在鲁迅的小说人物图像中散发着浓郁

① 鲁迅：《呐喊·自序》，载《呐喊》，第 10 页。
② 解洪祥：《近代理性·现代孤独·科学理性》，山东大学出版社 1998 年版，第 26 页。

的"人间相"意味，而在这些"人间相"人物图像系列中最具思想深度和审美概括力的要数《阿Q正传》之"阿Q"。正如鲁迅自己所言，《阿Q正传》"画出这样沉默的国民的魂灵"，"暴露国民的弱点"。当《阿Q正传》1921年12月4日至1922年2月12日连载于《晨报副镌》的时候就达到使读者一笑之余感到是在笑自己的自省效果。而当这个中篇小说收入《呐喊》于1923年出版的时候，沈雁冰在《读〈呐喊〉》中评论道："现在差不多没有一个爱好文艺的青年口里不曾说过'阿Q'这两个字。我们几乎到处应用这两个字，在接触灰色人物的时候，或听得了他们的什么'故事'的时候，〈阿Q正传〉里的片断的图画，便浮现在脑前了。我们不断地在各方面遇见'阿Q'的人物：我们有时自己反省，常常疑惑自己身中也免不了带着一些'阿Q相'的分子。——我又觉得'阿Q相'未必全然是中国民族所特具，似乎这也是人类的普通弱点的一种。"[①] 对于"阿Q"这两个字，这个名字，何止于影响当时！《阿Q正传》已编入中学语文课本，成为普及的文学作品读物，成为进行国民教育的重要题材。凡是读过中学的人没有一个不识得"阿Q"的。"阿Q"已经成为国民启蒙的文化符号，从中国走向了世界。由此可见，文学作品通过共鸣所产生的舆论效果更为神奇而久长。

而在中国传统社会里，"存天理，灭人欲"、"饿死事小，失节事大"的禁欲信条已经表现的极端化，人的自然感受体

---

① 杨义主笔，中井正喜、张中良：《中国新文学图志》，人民文学出版社1997年版，第128页。

验和本能的欲望一直处于极端的压抑状态，而这种压抑的历史积累则造成了被压抑者个性的委顿和人格的扭曲。因此，陈独秀在《新青年》杂志上首倡伦理革命，意在呼吁人们从封建的"理性"中解脱出来，获得个性的张扬和心灵的舒展。这也或许是发起文学革命的一种动因，因为"感情是动力，因而影响一切的效果很大，这是思想所不及的"①。追求个性解放的历代知识分子和觉悟者一直没有冲破禁欲的现实之壁的集合力量和合适机会，他们被作为与正统相对峙的"异端"而存在着，更多的是消极退隐于山水田园，或出入于烟花柳巷，演绎着才子佳人的悲剧。而只有在 20 世纪初，在整个社会转型的裂变中，个性解放才获得了革命性的力量和革命的机会，爱欲作为人性解放的肯定性价值成为现代人的内涵，而文学作品则使这一人性的正面价值得到最有力的表达。"爱情！可怜我不知道你是什么！……但我说，这是血的蒸汽，醒过来的人的真正声音。……但从前没有听到苦闷的叫声。即使苦闷，一叫便错；少的老的，一起摇头，一齐痛骂。……可是魔鬼手上，终有漏光的处所，掩不住光明：人之子醒了；他知道了人类间应有爱情。知道了从前一班老的少的犯的罪恶；于是起了苦闷，张口发出这叫声。"②
而这叫声在郁达夫的小说《沉沦》里得到热切的呼应：

　　　　知识我也不要，名誉我也不要，我只要一个能

　　① 傅斯年：《白话文学与心理的改革》，《新潮》第 1 卷第 5 期，1919 年 5 月 1 日。

　　② 鲁迅：《热风·随感录四十》，载《鲁迅全集》第 1 卷，第 322 页。

安慰我体谅我的"心",一副白热的心肠!从这副心肠里生出来的同情!从同情而来的爱情!

我所要求的就是爱情!

若有一个美人,能理解我的苦楚,她要我死,我也肯的。

若有一个妇人,无论她美丑,能真心真意的爱我,我也愿意为她死的。

我所要求的就是异性的爱情!

在这里文学作品以其特有的艺术魅力和感性激进的描写把解放了的现代人的生命体验与欲求展现在读者面前,激活着潜藏于心灵深处的麻木僵化的欲望。"《沉沦》出世的影响,不但在文坛上,在现今中国社会上,道德上的变动,我可以大胆地说一句是发自它的原动的。今日公开的性讨论,那神圣的光,是《沉沦》启导的;今日青年在革命上所产生的巨大反抗性,可以说是从《沉沦》中那苦闷到了极端的反应所产生的。"① 这就是《沉沦》的力量,这就是《沉沦》对传统封建伦理进行颠覆的价值。它使青年们在这离经叛道般的呼喊声中获得支撑之力,感到"在中国枯槁的社会里面好像吹来了一股春风,立刻吹醒了当时无数青年的心"②。《沉沦》对于文学革命承载了一种代言意义。

若从数量上来说最能体现文学革命的实绩,以及与政论文体和评议性散论共鸣文学革命的当属白话诗歌,而在这些

---

① 锦明:《达夫的三个时期》,《一般》第3卷第3期,1927年5月。
② 郭沫若:《论郁达夫》,载《郭沫若文集》第12卷,第547页。

白话诗歌中起引领作用的又当属胡适于 1920 年 3 月由上海亚东图书馆初版的《尝试集》。《尝试集》也是新文学的第一本白话诗集，它主要收录了胡适在《新青年》杂志等发表的白话诗集。他的"'白话诗实验室'里的试验经历了三个发展进程：'刷洗过的旧诗'—'变相词曲'—'纯粹的白话诗'"①。胡适尝试作白话诗除了因为诗歌这种体裁能迅速体现文学革命的成绩之外，还来自于胡适个人对试验主义哲学的坚持。胡适在《尝试集》的四版诗序写道：

"尝试成功自古无"，放翁这话未必是。

我今为下一转语，自古成功在尝试。
请看药圣尝百草，尝了一味又一味。
又如名医试丹药，何嫌六百零六次。
莫想小试便成功，那〔哪〕有这样容易事！
有时试到千百回，始知前功尽抛弃。
即使如此已无愧，即此失败便足记。
告人此路不通行，可使脚力莫浪费。
我生求师二十年，今得"尝试"两个字。
作诗做事要如此，虽未能到颇有志。
作《尝试歌》颂吾师，愿大家都来尝试！

也正是在胡适提倡尝试作白话诗的鼓动之下，《新青年》杂志上陆续出现了刘半农、沈尹默等白话诗作者的作品，使文学革命的意图附着于新诗作品得以具体的展示。但是"平

---

① 杨义主笔，中井正喜、张中良：《中国新文学图志》，第 112 页。

心讲来，主义一方面，比较前人总有进无退，在艺术方面，幼稚是无可讳言的。"① 胡适《尝试集》的价值就在于对文学革命、文化启蒙意义的自觉承担。而鲁迅的作品更是清醒的启蒙意识下的思想的艺术，在"须听将令"的规约中，《药》中夏瑜坟上的花环、《明天》中单四嫂子可能有的梦、《故乡》中对"新的生活"的憧憬……都是作者有意而为的"曲笔"。这种对文学革命、文化启蒙的自觉担当不仅诗歌如此，小说如此，戏剧如此，其他小品文亦是如此。文学作品的创作更多的是这些作家同时也是文化启蒙主义者参与社会人生问题讨论改革的一种方式。对启蒙思想的全神贯注与对文学作品自身审美的忽略，使思想对审美的僭越成为这个时段新文学作品的共性，当然也是它们的个性。也正是新文学作品的这种个性——这种与文学革命评议性散论相同的精神气质，才使文学作品在文学革命所构成的文化启蒙语境中实现与目标有效的互动，实现文学作品参与舆论共鸣的功能意义。但是也正是文学作品身处的社会功利性的语境，特别是对这种语境意义的凸显，文学作品工具意识的强调，使小说家和许多新作者的视野在不知不觉中被规约于指向性的生活视域。

---

① 俞平伯：《社会上对于新诗的各种心理观》，《新潮》第 2 卷第 1 期，1919 年。

第五章　《新青年》杂志的嬗变

　　"按照'议程设置'理论，传播媒介的'环境再构成作业'是以向公众提示'社会生活中的重要议事日程'的形式来进行的。"① 大众传媒不仅具有反映社会议题的一面，还有通过对议题的设置从而使该议题形成社会议题的一面。中国面临灭亡的危机日深、"五四"运动的爆发以及俄国十月革命的胜利，使社会进程的主题由思想启蒙转向了政治救亡。因此，《新青年》杂志也由"本是自由组合的"② 同人杂志嬗变为中共机关报刊，《新青年》杂志的主要议题也由文学革命让渡为政治革命。《新青年》这种由思想启蒙到政治启蒙的转向是性质性的，而且这种转向的自身特殊性又成为导致中国现代文学失衡与悖反特征形成的重要因素。

---

①　郭庆光：《传播学教程》，中国人民大学出版社，第217页。
②　张静庐编《关于〈新青年〉问题的几封信》，载《中国现代出版史料》，第11页。

一　由文化期刊到中共党刊

编辑方针与办刊宗旨的变化

《新青年》创刊伊始即在第 1 卷第 1 号社告中表明本刊之责任在于"与青年诸君商榷将来所以修身治国之道"。并且在该卷该号记者（陈独秀）答王庸工的《通信》中又申明"改造青年之思想辅导青年之修养为本志之天职，批评时政非其旨也"；原因在于"国人思想尚未有根本之觉悟直无非难执政之理由"。这说明"批评时政非其旨也"只是陈独秀等为杂志设定的近期目标，并且这个近期目标还是杂志实现最终目标的一个过程、一个部分。也就是说杂志初创之时便把文化思想启蒙作为进行政治革命的一个步骤、一个环节。杂志初创之时没有直接进行政治革命舆论的导向是因为社会发展进程在此作了一个历史条件的设定，一旦社会发展的各种要素突破了这个历史条件的设定，时机成熟了，《新青年》便会履行政治革命舆论引导的最终职责。而且在《新青年》杂志办刊过程中，杂志对于政治的关爱始终是坚定的，从《新青年》杂志第 6 卷第 1 号陈独秀《本志罪案之答辩书》中可以见到：

但是追本溯源，本志同人本来无罪，只因为拥护那德莫克拉西（Democracy）和赛因斯（Science）两位先生，才犯了这几条滔天的大罪。要拥护那德先生，便不得不反对礼教、礼法、贞节、旧伦理、旧政治。要拥护那赛先生，便不得不反对旧艺术、旧宗教。要拥护德先生又要拥护赛先生，便不得不反对国粹和旧文学。

大家平心细想，本志除拥护德、赛两先生之外，还有别项罪案没有呢？若是没有，请你们不用专门非难本志，要有力气有胆量来反对德、赛两先生，才算是好汉，才算是根本的办法。

············

西洋人因为拥护德、赛两先生，闹了多少事，流了多少血；德赛两先生才渐渐从黑暗中把他们救出，引到光明世界。我们现在认定只有两位先生。可以救治中国政治上道德上学术上思想上一切的黑暗。若因为拥护这两位先生，一切政府的迫压，社会的攻击笑骂，就是断头流血，都不推辞。

············

事实上也正是对德、赛两先生拥护的共同志向使具有留学背景的《新青年》杂志同人以杂志为纽带集合在一起，对"民主"与"科学"的拥护与追求成为他们精神团结的力量之源，也是新文化统一战线的基础。在"《新青年》上发表的文章，涉及众多的思想流派与社会问题，根本无法一概而论"，"因此，只有表明政治态度而非具体学术主张的'民主'与'科学'，能够集合起众多壮怀激烈的新文化人"①。

而在《新青年》杂志第 7 卷第 1 号"本社宣言"中则明确地强调了"政治"和"政党"的作用，而且这个"本社宣言"是自《新青年》杂志办刊以来的首次以"本社"为名义的宣言：

---

① 陈平原、山口守：《大众传媒与现代文学》，新世界出版社 2003 年版，第 199 页。

本社具体的主张，从来未曾完全发表。社员个人持论，也往往不能尽同。读者诸君或不免怀疑，社会上颇因此发生误会。现当第七卷开始，敢将全体社员的共同意见，明白宣布。就是后来加入的社员，也公同担负此次宣言的责任……

…………

我们相信世界上的军国主义和金力主义，已经造了无穷罪恶，现在是应该抛弃的了。

…………

我们主张的是民众运动社会改造，和过去及现在各派政党，绝对断绝关系。

我们虽不迷信政治万能，但承认政治是一种重要的公共生活；而且相信真的民主政治，必会把政权分配到人民全体，就是有限制，也是拿有无职业做标准，不拿有无财产做标准；这种政治，确是造成新时代一种必经的过程，发展新社会一种有用的工具。至于政党，我们也承认他是运用政治应有的方法；但对于一切拥护少数人私利或一阶级利益，眼中没有全社会幸福的政党，永远不忍加入。

…………

从这个"本社宣言"中可以看到，以陈独秀为主的编委们不仅肯定了"政治"的作用，而且对于加入什么样的政党也作了思考。而且"宣言"的发表很有强调统一的意思。而事实上，《新青年》同人作者群的分化也已露端倪。不久，《新青年》杂志即从1920年9月第8卷第1号起由陈独秀与上海共产主义小组编辑，陈望道、李汉俊、袁振英等加入编辑部，1923 年 6 月《新青年》进而成为中国共产党中央委员会的机关刊物（季刊）。① 这样以同人杂志起家创下品牌的《新青年》由文化期刊嬗变为中共党刊，最终成为政党报刊，完成了创始人初创时期的内在理想。

由此可以看到，《新青年》编辑方针和办刊宗旨的变化一次比一次更近地直接触摸到政治革命本身，它的转向有其必然性的理由。而这种必然性的因素里面也有时代条件规定的一种结果。当时时代的中心、世界史的中心，已经由资本主义、资产阶级转向无产阶级的世界革命。早在 19 世纪的中叶，在欧洲 1848 年的资产阶级革命高潮中，由于无产阶级的壮大，并开始独立登上历史舞台，资产阶级的革命性已明显减弱，其妥协性已明显暴露。② 特别是马克思理论学说中对资本主义的批判，对资本主义制度的深刻剖析，使"金力主义"的罪恶彰显，从而使《新青年》同人作者们感到金力主义成为"现在是应该抛弃的了"。而 20 世纪初俄国十月革命的胜利，使中国人的目光由法兰西转向俄罗斯，并从俄国革命的胜利中看到未来中国政治革命的前景。但是，由于中国问题的特殊性，对于《新青年》杂志的转向，其文化思想启蒙的基础还不是充分的，因为当时的中国是一个资本主义发展而又不发展的社会，没有充分滋养人本的、个性的资产阶级人文精神的产业经济的土壤，而这个环节的缺失或不完善使得《新青年》杂志在传播马克思主义思潮方面偏重了

---

① 杨义主笔，中井政喜、张中良：《中国新文学图志》，第 107 页。

② 解洪祥：《中国现代文学精神》，第 348 页。

政治革命而忽略了原本应该加强的思想启蒙，然而这种忽略又是受当时救国焦虑心态的影响。事实是这种偏重制导形成了中国现代文学失衡的特征。所谓"'失衡'，是指马克思主义及其指导下的革命文学在政治和文化两个方面，即在政治方面，在反帝反封建的现实斗争方面，取得了巨大的胜利，彻底的胜利；但在文化方面，在反封建的思想启蒙方面，则做得很不够"①。

《新青年》同人的分化

其实可以说，而且事实也是如此，《新青年》杂志是一个很个人化的杂志，无论它的创刊、成长以及后来的转向，在一定程度上可以说是主编陈独秀思想变迁的记录，陈独秀对于《新青年》由文化期刊嬗变为政党报刊起着决定性的作用；同时又可以说《新青年》杂志是一个很社会性的杂志，它是20世纪初社会转型期各种社会思潮、社会力量的见证者、参与者，它的创刊、成长以及后来的转向又难脱中国社会历史的制导之力。也正是《新青年》杂志的这种私人性和社会性，使处于社会转型过程中的《新青年》在面临转向的时候，其同人之间的分歧变得更加明朗化，从而使新文化统一战线走向分化。

《新青年》杂志第8卷第1号头条陈独秀《谈政治》一文的发表，标志着陈独秀由激进的民主主义转向了马克思主义，这在他文章中的结论里可见他鲜明的马克思主义者的态度：

---

① 解洪祥：《中国现代文学精神》，第2页。

我的态度是：

我承认人类不能够脱离政治，但不承认行政及做官争地盘攘夺私的权利这等勾当可以冒充政治；

我承认国家只能做工具不能做主义。古代以奴隶为财产的市民国家，中世纪以农奴为财产的封建诸侯国家，近代以劳动者为财产的资本家国家，都是所有者的国家，这种国家的政治法律，都是掠夺的工具，但我承认这工具有改造进化的可能性，不必根本废弃它，因为所有者的国家固然造成罪恶，而所有者以外的国却有成立的可能性；

我虽然承认不必从根本上废弃国家政治、法律，这个工具，却不承认现存的资产阶级（即掠夺阶级）的国家政治、法律，有扫除社会罪恶的可能性；

我承认用革命的手段建设劳动阶级（即生产阶级）的国家，创造那禁止对内对外一切掠夺的政治、法律，为现代社会的第一需要。后事如何，就不是我们所应该所能够包办的了。

由此结论可以见得，其结论本身就预示或者说期待政治革命实践的来临，而且事实上陈独秀业已着手成立了共产主义小组，《新青年》从第 8 卷起改由陈独秀和上海共产主义小组来编辑，《新青年》的读者定位也由知识青年扩大到普通劳动者。

而《新青年》杂志的同人自倡导文学革命起，以该刊编辑部为核心的新文化统一战线便形成了，尽管这个新文化统一战线里包括了激进民主主义者、自由主义者、具有初步共产主义思想的知识分子，但是在《新青年》对马克思主义思潮的传播还没有形成主流，社会主义色彩还不浓的时候，新文化统一战线的矛盾并不突出。在《新青年》传播马克思主义思潮的过程中，陈独秀以一个革命家的敏锐意识到马克思主义之于中国革命的重要性，特别是俄国十月革命的胜利及其对中国的影响日深，促使陈独秀的思想逐渐发生了方向性的改变。这可以从陈独秀发表在《新青年》杂志第 1 卷第 6 号的《吾人最后之觉悟》和后来发表于《新青年》第 7 卷第 6 号"劳动者纪念号"上的《劳动者底觉悟》两篇文章中看到陈独秀思想的转变。《吾人最后之觉悟》，强调的是伦理的觉悟，是个人本位的近代理性主义、民主主义的伦理主义觉悟，强调的是文化批判，是精神解放；而四年后的《劳动者底觉悟》，反复强调的则是政治的觉悟，是人民本位的现代马克思主义的历史主义觉悟，强调的是政治斗争，是政治解放、社会解放，要求的是管理权，也就是统治权、政权。这两篇文章典型地表现了陈独秀，同时也表现了《新青年》杂志中的一些编辑作者由近代理性主义、民主主义、个人本位的伦理主义向现代马克思主义、社会革命、人民本位的历史主义演进的客观思想进程。① 而且随着其思想的变化，陈独秀赋予了新文化运动一些新的内容："新文化运动影响到军事上，最好能令战争止住，其次也要叫它做新文化运动的朋友不是敌人。新文化运动影响到产业上，应该令劳动者觉悟他们自己的地位，令资本家把劳动者当做同类的'人'看待，不要做机器、

---

① 解洪祥：《中国现代文学精神》，山东教育出版社 2003 年版，第 68 页。

牛马、奴隶看待。"① 也正是陈独秀思想的变化和《新青年》
革命态度的日趋明朗，使共产国际派来的维经斯基早有设想
"把《新青年》、《星期评论》、《时事新报》结合起来，乘五四
运动的高潮建立一个革命同盟，并由这几个刊物的主持人联
合起来，发起成立中国共产党或是中国社会党"②。而在经李
大钊介绍和维经斯基见面交谈后，陈独秀更加了解了苏俄和
苏共的情况，决定"走俄人的路"③。在这种背景下，《新青
年》杂志的办刊宗旨随着主持人陈独秀思想的改变而转向，
成为宣传马克思主义思想的基地，同时更加注重对劳动者的
关注。从 1919 年 5 月《新青年》第 6 卷第 5 号李大钊编辑的
"马克思研究专号"，到 1920 年 5 月《新青年》第 7 卷第 6 号
发行的"劳动节纪念专号"，可视为《新青年》为马克思主义
和工人运动相结合发出了预示性的信号，也为杂志新的社会
议题的设置找到了明确的方向。

　　也正是《新青年》办刊宗旨明显而日趋坚定地转向宣
传马克思主义，进一步激化了《新青年》同人的矛盾，胡
适反对把《新青年》做宣传马克思主义之用，以要求北京
同人多写文章为由要求迁返上海的《新青年》移回北京。
胡适表示："我并不反对他，也不反对《新青年》。不过我
认为今日有一个文学哲学的杂志的必要，今《新青年》差
不多成了 Soviet Russia 的汉译本，故我想另创一个专关学
术艺文的杂志。今独秀既如此生气，并且认为反对他个人

---

① 陈独秀：《新文化运动是什么》，《新青年》第 7 卷第 5 号。
② 包惠僧：《党的"一大"前后》，《百科知识》1979 年第 2 期。
③ 《"一大"前后》（二），人民出版社 1980 年版，第 7 页。

的表示，我很愿意取消此议，专提出'移回北京编辑'一个办法。"① 而时值《新青年》第8卷第6号付排时，稿件被租界巡捕房包探搜去，不准在上海印刷，陈独秀决定将《新青年》转移到广州出版，并致函胡适："老实说是因为近来大学空气不太好；现在《新青年》已被封禁，非移粤不能出版，移京已不成问题了。你们另外办一个报，我十分赞成，因为中国好报太少，你们做出来的东西总不差，但我却没有工夫帮助文章。而且在北京出版，我也不宜做文章。"② 陈独秀拒绝了《新青年》再迁回北京。其中更多的是社会情势所迫，而事实上这个时候的《新青年》已不再是自由组合的同人杂志，而业已是中共党组织的机关刊物，肩负为党组织宣传的职责，绝非是由陈独秀一人所能主宰的了，而且陈独秀也容不得别人改变《新青年》业已形成的宣传马克思主义的特色。

对此，《新青年》其他几位同人的看法不一：

钱玄同给胡适写了一封很私人化的信，表明了自己的观点：

因为《新青年》的结合，完全是彼此思想投契的结合，不是办公司的结合。所以思想不投契了，尽可宣告退席，不可要求别人不办。换言之，即《新青年》若全体变为《苏维埃俄罗斯》的汉译本，

---

① 参见贾兴权：《陈独秀传》，第260页。
② 张静庐编《关于〈新青年〉问题的几封信》，载《中国现代出版史料》，第13页。

甚至于说这是陈独秀、陈望道、李汉俊、袁振英等几个人的私产，我们也只可说陈独秀等办了一个"劳农化"的杂志，叫做《新青年》，我们和他不相干而已，断断不能要求他们停版。①

鲁迅、周作人认为"与其彼此隐忍迁就的合作，还是分裂的好"。而且鲁迅认为胡适为保护《新青年》而提出"声明不谈政治"是何等的天真！"其实则凡《新青年》同人所作的作品，无论如何宣言，官场总是头痛，不会优容的"；他又感慨道："此后只要学术思想艺文的气息浓厚起来——我所知道的几个读者，极希望《新青年》如此，——就好了。"② 胡适、钱玄同、鲁迅等这些依然身处学术氛围浓厚的北京的《新青年》同人与奔走上海、广州从事社会革命实践的陈独秀对于《新青年》的期待和需要自然不同。鲁迅、周作人依然为第8、9卷的《新青年》写稿，鲁迅的小说《故乡》就发表在第9卷上，胡适也还在不断发表一些文章。但是第8卷、9卷的《新青年》杂志的传播主题已是纯粹的马克思主义思想和工农劳动者的生活世界，几篇小说、诗歌并没有抹淡《新青年》的社会主义特色，只是依然维护形式上的"统一战线"，也是新文化运动事业的自然延续。而《新青年》编辑方针和办刊宗旨的变化以及同人的分化是杂志在面临社会情势变化中的正常而必然的重组与调整，《新

---

① 《钱玄同致胡适》，载《胡适来往书信选》上册，第 122 页。

② 陈平原、山口守编《大众传媒与现代文学》，新世界出版社 2003 年版，第 202—203 页。

青年》的转向并不是预先设定的，而是其自身发展和社会环境的互动作用使然，而且转向本身则体现了社会变革的需要，是历史发展的必然趋势。

二　文学革命议题的让渡

《新青年》杂志1—7卷的主题是思想启蒙，陈独秀也正是怀着"让我办十年杂志，全国思想都全改观"①的启蒙理想来创办《新青年》杂志的。而文学革命则是《新青年》进行思想启蒙的一个着力点，也是其进行思想启蒙的一个亮点。从图5-1，1—7卷文学作品与其他作品在作品总量中所占百分比便可以以计量的方式再次确证以上结论。文学作品在作品总量中所占百分比为26％，其他作品在作品总量中所占百分比为74％。《新青年》8—9卷编辑方针和办刊宗旨转向为陈独秀与上海共产主义小组编辑，继而成为中共党的机关刊物。杂志的主题则是政治革命，现实的政治革命。如图5-2，8—9卷中的文学作品在作品总量中所占的比重由1—7卷的26％下降到21％，而其他作品在作品总量中所占的比重则由1—7卷的74％上升到79％。单从计量数据显示便可以看出文学革命已不再是《新青年》杂志的主流话题，文学革命的议题已让渡为宣传马克思主义，让渡为政治革命。

胡适在马克思主义思潮越来越成为《新青年》杂志宣传社会革命的价值取向的时候，首先在1919年7月20日《每

---

① 贾兴权：《陈独秀传》，第68页。

周评论》第31期发表了《多研究些问题，少谈些"主义"》，又发表了《三论问题与主义》、《四论问题与主义》。

表 5-1　《新青年》1—7 卷与 8—9 卷文学作品与其他作品数量

卷次	文学作品（篇/首/组诗）	其他作品数量	作品总数量
1—7 卷	198	577	775
8—9 卷	63	235	298

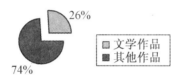

图 5-1　《新青年》文学作品与其他作品在作品总量中所占百分比

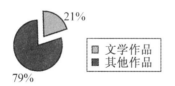

图 5-2　文学作品与其他作品在作品总量中所占百分比

后又接着在《新青年》杂志第 7 卷第 1 号头条，紧接着《本志宣言》之后发表了他的《新思潮的意义》一文。

文章开题之前即表明该文的主旨在于：

研究问题

输入学理

整理国故

再造文明

胡适此时所说的"再造文明"是蕴涵了"输入的学理"

和"整理的国故"相结合的文明，是以现代科学的态度实现对传统文明创造转化后的新文明，不再是以西方文明对东方文明的全盘异质性置换的文明。

胡适在文章中指出，如包世杰、陈独秀等对所举出的"新思潮"的性质或太琐碎，或太笼统，不能算作新思潮运动的正确解释，也不能指出新思潮的将来趋势之后，提出了自己的观点："据我个人的观察，新思潮的根本意义只是一种新态度。这种新态度可叫做'评判的态度'。"胡适并从新思潮运动的历史角度，发表了对"文学革命"和"近日报纸上登的马克思的剩余价值论"的看法：

但是这两三年新思潮运动的历史应该给我们一种很有益的教训。什么教训呢？就是：这两三年来新思潮运动的最大成绩差不多全是研究问题的结果。新文学的运动便是一个最明白的例。这个道理很容易解释。凡社会上成为问题的问题，一定是与许多人有密切关系的。这许多人虽然不能提出什么新解决，但是他们平时对于这个问题自然不能不注意。若有人能把这个问题的各方面都细细分析出来，加上评判的研究，指出不满意的所在，提出新鲜的救济方法，自然容易引起许多人的注意。起初自然有许多人反对。但是反对便是注意的证据，便是兴趣的表示。试看近日报纸上登的马克思的剩余价值论，可有反对的吗？可有讨论的吗？没有人讨论，没有人反对，便是不能引起人注意的证据。研究问题的文章所以能发生效果，正为所研究的问题一定是社会人生最切要的问题，最能使人注意，也最能使人觉悟。悬空介绍一种专家学说，如"剩余价值"之类，除了少数专门学者之外，决不会发生什么影响。

由此可见，对于马克思主义的学说，陈独秀是当作解决中国社会革命的工具，而胡适则是把它视为专家的学说，从学理的研究角度来看待的。胡适从新思潮的历史总结谈新文学运动之所以引起讨论，引起反对，引起注意，是因为新文学运动是社会上成为问题的问题，是与社会人生最切要的问题。而"剩余价值"之所以没有人讨论，没有人反对，是因为没有人注意，文中之义就是说"剩余价值"不是社会问题的问题，是少数专门学者的问题，不会发生什么影响。如果抛开已经形成的对胡适的误读，就胡适的如上观点而论，胡适的认识是符合当时中国国情的。"剩余价值"之所以不被人注意，没有发生什么效果，是因为中国不是一个资本主义发达的社会，而是一个资本主义不发达的社会，是一个封建的农业经济社会。无产阶级并没有形成全国性的阶级基础，他们只是分散于沿海几个大都市。对于"剩余价值"的体验只是相对少数的居于几个大都市中的无产阶级的小群体，中国绝大多数民众没有"剩余价值"的意识和概念，"剩余价值"没有成为中国社会人生的实际问题，这种资本主义的经济形态在中国是不发展的、分散的。

近代中国不可能出现真正的产业革命。近代中国产生了代表新的生产关系和生产力的资本主义生产方式，但是中国没有经历过产业革命，没有进入资本主义社会。出现了资本主义现代企业的中国，仍然是一个半封建半殖民地的社会。

中国的沉沦，并不等于中国不再奋起。恰恰相反，正是由于中国近代社会的沉沦，所以才有代表历史前进方向的新兴的资本主义力量在艰难中的奋起；正是由于中国的资本主义是在一个沉沦的社会中诞生，所以新兴的资产阶级才面临着奋起的艰难。产业革命之不能出现于近代中国，正说明在中国发展资本主义的理想是多么艰难而难以实现，正是要人们记取几代人为资本主义前途进行艰苦奋斗而又不能如愿以偿、必须另觅途径的历史必然。①

而当时"一战"后的西方文化受到广泛性的质疑，以巴黎和会观察员身份旅欧考察归国后的梁启超发表了《欧游心影录》，激情宣告：西方文明已在破产，正等待东方文明的救助，"我们可爱的青年啊，立正，开步走！大海对岸那边有几万万人，愁着物质文明破产，哀哀欲绝的喊救命，等着你来超拔他哩"②。而且此时的资本主义社会制度的早期残酷性已遭到进行社会革命的国家所抛弃，马克思科学社会主义的理想成为这些进行社会革命的国家心向往之，世界革命形成了无产阶级的社会主义革命风暴，特别是俄国十月革命的胜利又为像中国这样的国家提供了现实的革命实践的胜利版本，所以中国在政治革命上的选择不得不跨越资本主义的经济形态，走社会主义革命的道路。而这种选择的舆论导向直接起始于《新青年》杂志的传媒力量。

同时，胡适在《新思潮的意义》这篇文章中，最后提出"新思潮的将来趋势，依我个人的私见看来，应该是注重研究人生社会的切要问题，应该于研究问题之中做介绍学理的事业"。又主张"现今的人爱谈'解放与改造'，须知解放不是笼统解放，改造也不是笼统改造。解放是这个那个制度的

---

① 汪敬虞：《中国资本主义的发展和不发展》，中国财政经济出版社2002年版，第451页。

② 梁启超：《欧游心影录》，《晨报副刊》1920年3月6日—8月17日。

解放，这种那种思想的解放，这个那个人的解放，是一点一滴的解放。改造是这个那个制度的改造，这种那种思想的改造，这个那个人的改造，是一点一滴的改造"。也就是说对于社会人生，胡适认为应该改良，而不是革命，否则不能"根本解决"。胡适的这种改良主义的态度，显然是和中国历史的发展态势相背离的，和中国社会革命的需要相背离的。作为自由主义者的胡适，这种在政治选择上的背离姿态和在文化上、学理研究上的贡献成为中国现代文学悖反特征形成的一个预示。

《新青年》杂志的嬗变主要体现在编辑者陈独秀、李大钊等在政治、文化、思想方面由民主主义转向马克思主义，从而使《新青年》编辑方针和办刊宗旨发生了方向性的变化，也使《新青年》杂志以文学革命为契机推动的思想启蒙的议题设置让渡为现实的政治启蒙，政治革命，而文学则成为杂志信息传播的边缘性话题，《新青年》杂志由文化期刊嬗变为中共党刊。但是，文学的力量却通过各种文学团体组织的成立和文学报刊的兴盛以独立的姿态表现出来。《新青年》杂志第 8 卷第 5 号便刊载了"文学研究会宣言"。继文学研究会成立之后，另一个文学团体"创造社"也宣布成立。值得关注的是，《新青年》杂志日趋面向工农大众的读者，着力宣传工农大众革命斗争的编辑方针给文学的影响是不容轻视的，因为它使文学话语中心发生了位移，使代表进步的资产阶级和小资产阶级启蒙要求的文学向代表工农大众革命要求的文学移位，从而使文学革命被革命文学所代替成为势所必然。

三　封面设计风格的演变

　　杂志封面体现杂志的精神，杂志的精神体现编辑的思想，而编辑思想体现的则是社会发展脉动的意义表达。通过对《新青年》杂志封面设计风格和符号的解读分析，可以从另一种视角探究论证《新青年》杂志嬗变的思想逻辑。

　　如下所载《新青年》封面设计图例均来自上海影印厂印刷，1988 年 6 月第一版精装十二册。刊载原则为：完全相同的封面设计图则刊载其中的起始图例，详见图 5-3 至图 5-8。

　　《新青年》第 1 卷第 1—6 号杂志封面设计风格的意义符号丰富，杂志名称为《青年杂志》，并配以法语名称，体现了主编陈独秀的法兰西民主科学思想情结和法兰西革命情结以及法兰西对陈独秀的影响和法兰西在西方文明中的影响力，详见图 5-3 至图 5-8。这一点可以从陈独秀在第 1 卷第 1 号特别撰文《法兰西人与近代文明》，并编排在目次第 2 篇，同时翻译了法兰西《妇人观》、《现代文明史》于同期发表即可得以佐证。

　　从第 1 卷第 1—6 号封面上方的设计可以解读到，这是一本同人杂志，或者说要召集、汇聚同人"与青年诸君商榷将来所以修身治国之道"（第 1 卷第 1 号社告）的杂志。

　　第 1 卷第 1—6 号杂志封面人物头像依次为卡内基、屠格涅夫、王尔德、托尔斯泰、富兰克林和谭根。这说明《新青年》杂志第 1 卷主要以刊载并翻译介绍西方文化及其代表者们的贡献、思想为主，体现杂志以西方文明开启民智，修身

以治国的办刊理念。另外值得关注的是封面人物头像左上角
的雄鸡图案。

图 5-3　第 1 卷第 1 号封面

图 5-4　第 1 卷第 2 号封面

图 5-5　第 1 卷第 3 号封面

图 5-6　第 1 卷第 4 号封面

文学革命与《新青年》传播

图 5-7　第 1 卷第 5 号封面

图 5-8　第 1 卷第 6 号封面

第一次改版

第 2 卷第 1—6 号封面设计图相同，详见图 5-9。

第 3 卷第 1—6 号封面设计图相同，详见图 5-10。

图 5-9 第 2 卷第 1 号封面

图 5-10 第 3 卷第 1 号封面

第 4 卷第 1—5 号封面设计图相同，详见图 5-11。

图 5-11 第 4 卷第 1 号封面　　　图 5-12 第 5 卷第 1 号封面

　　第 5 卷第 1—6 号与第 6 卷第 1—6 号封面设计图相同，详见图 5-12。

　　《新青年》第 2—6 卷封面设计风格和第 1 卷大不相同，可视为第一次改版。第 2—6 卷封面设计基本相同，详见图 5-12。说明杂志办刊理念进入一个阶段性的成熟稳定期。改版后的封面设计风格简约，突出"要目"，彰显文章篇目及本土作者队伍，注重杂志的内容和名人效应，栏目设置强调读者与编撰者的互动。从第 2 卷起《青年杂志》更名为《新青年》，同时附注"原名青年杂志"字样，并在显著位置标注"陈独秀先生主撰"。第 3 卷略有不同之处在于封面所有字体颜色全部采用深蓝色。第 4 卷第 1—6 号封面中不再有"陈独秀先生独撰"的文字，主要原因为《新青年》迁址北京后成立了编辑委员会，采用编委轮值制度。第 4 卷起封面

"新青年"字体较第2、3卷不同。第4卷第6号为"易卜生号",详见图5-13。"易卜生号"专刊的编辑出版,是《新青年》议题设置的"文学革命"进入高潮的一个标志,也是新文化运动进入高潮的符号。

第二次改版

第7卷第1—3号、第5号封

图 5-13　第 4 卷第 6 号封面

面设计图相同,详见图5-14。第7卷第4号封面详见图5-15,第7卷第6号为劳动节纪念号,详见图5-16。第7卷封面设计风格较第6卷迥然不同,可视为《新青年》杂志的第二版

图 5-14　第 7 卷第 1 号封面

图 5-15　第 7 卷第 4 号封面

图5-16　第7卷劳动节纪念号

次改版。第7卷封面设计风格简略，所刊发内容多为社会实践，信息丰富繁杂。这表明《新青年》杂志的办刊理念已从立意鲜明的新文化启蒙转向关注劳工和社会实践。《新青年》这一转变背后原因和第一次世界大战结束后中国外交失败相关。在一战结束召开的巴黎和会上，西方列强把德国在山东的权益转让给日本，牺牲了中国作为战胜国的利益，这不仅直接引爆了轰轰烈烈的五四爱国运动，同时也警醒和颠覆了陈独秀以西方民主科学启蒙国人的理想。从1919年5月《新青年》第6卷第5号李大钊编辑的"马克思研究专号"，到第7卷第6号1920年5月发行的"劳动节纪念专号"，可视为《新青年》为马克思主义和工人运动相结合在思想启蒙方面做出的引导性的启蒙贡献。

第三次改版

第8卷第1号、3—6号和第9卷1—6号封面设计相同。

从第8卷起《新青年》印刷发行改由上海新青年社运作。《新青年》第8—9卷封面设计风格较第7卷有了大的改观，可视为第三次改版。封面图片为跨越东西半球无产阶级兄弟握手画面，旨在推动全世界无产者联合起来。《新青年》

开始作为上海共产主义小组机关刊物出版。详见图 5-17。第 8 卷第 2 号封面人物头像为"就快来到中国的世界的大哲学家罗素先生一九一四年的照相",该期对罗素除了做专门的介绍之外,还翻译了罗素《梦与事实》、《工作与报酬》、《民主与革命》、《游俄感想》、《哲学的科学方法》。详见图 5-18。

图 5-17 第 8 卷第 1 号封面

图 5-18 第 8 卷第 2 号封面

第四次改版

《新青年》季刊 1—3 期封面设计相同。

《新青年》自 1923 年 6 月至 1924 年 12 月以季刊的方式编辑发行了 4 期,其中缘由援引季刊第 1 期《本志启事》:"本志自与读者诸君相见以来,与种种磨难战,死而复苏者数次,去年以来又以政治的经济的两重压迫,未能继续出版……以节省人力财力及精神内容计,改为季刊……"这个阶段的《新青年》杂志作为中国共产党中央委员会的机关刊物，杂志同人的时间精力大都投入从事社会实际活动。封面设计图改版为"革命党自狱中庆祝革命之声"。详见图 5-19。第 4 期编辑发行了"国民革命号"。详见图 5-20。《新青年》自季刊始封面不再有"上海新青年社印行"的文字。

图 5-19 《新青年》季刊第 1—3 期封面设计相同

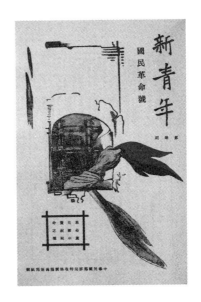

图 5-20 《新青年》季刊第 4 期封面

第五次改版

《新青年》1925 年 6 月第 2 号、1926 年 3 月第 3 号、1926 年 5 月第 4 号封面设计相同。

《新青年》自 1925 年 4 月编辑发行第 5 号杂志后，停刊了。其封面改版设计的符号元素更为简略。详见图 5-21、5-22。第 1 号为"列宁号"，其封三刊载了简洁有力的可视为宣言的口号：

我们的旗帜——列宁

我们的武器——列宁主义

我们的任务——全世界革命

图 5-21 《新青年》1925 年
4 月第 1 号——列宁号

图 5-22 《新青年》1925 年
6 月第 2 号封面相同

162

图 5-23 世界革命号

第 5 号，也是《新青年》杂志的最后一期为"世界革命号"，详见图 5-23。陈独秀发表了《世界革命与中国民族解放运动》一文。

至此，《新青年》改版了五次，每次有每次不同的精彩。从封面设计统计，《新青年》依次编辑发行的专号有《正月号》、《易卜生号》、《人口问题号》、《劳动节纪念号》、《国民革命号》、《列宁号》和《世界革命号》。《新青年》杂志本着创刊之初"与青年诸君商榷将来所以修身治国之道"的理想，经由西方文化启蒙、马克思主义启蒙进入实践救亡。陈独秀的思想情结也由法兰西文明转为俄国革命。

第六章　陈独秀的办刊理念与《新青年》

马克思有句名言："每一个社会时代都需要有自己的伟大人物，如果没有这样的人物，它就要创造出这样的人物来。"无疑，陈独秀就是这样一个人物，一个被时代创造又在一定意义上创造时代的人物。尽管对作为历史名人的陈独秀的评述有其复杂而艰辛的一面，但是目前主流的定论还是具有一定史证意义的，其中陈独秀作为新文化运动的主将和五四运动的"总司令"，在中国近现代思想文化的传播方面所作出的贡献是巨大的；陈独秀作为中国共产党的主要创始人和早期的主要领导人，在马克思主义传播方面、在中国共产党早期革命活动方面所作出的贡献同样是巨大的。陈独秀的这些贡献已经影响了中国的近现代史。而陈独秀对于历史的这种影响力主要是通过一本杂志——《新青年》来发挥的。而杂志的影响力度又取决于杂志的办刊理念。因此，研究作为主编的陈独秀的办刊理念对于诠释《新青年》杂志的影响力，进而分析阐述"文学革命"的传播效果及其之间的互动影响，是很有必要的。

陈独秀办刊理念的形成是一个不断发展的过程，而这个过程是和社会环境的变迁及个人经历的变化密切关联的。

一　"爱国心与自觉心"

1897 年陈独秀参加乡试名落孙山的结果尽管和他内心对科举教育抵触有关，但是，毕竟乡试的落第把它推到封建正统的对立面，使他内在精神的反抗意识又强化了一层。而时值甲午战争后中国半封建半殖民化的进一步加深，戊戌变法的开展，使他受到强烈的震动，他说："甲午之役，兵破国削，朝野惟外国之坚甲利兵是羡，独康门诸贤，洞察积弱之原，为贵古贱今之改制学风所致，以时务知新主义，号召国中。"① 而维新派通过办学会，办报刊，宣传变法思想，开展变法活动的方式使陈独秀感受到团体组织的作用和报刊舆论宣传的影响力，因为他和其他知识青年一样，正是通过倡导维新的新书报了解了新思想，接受了新思想。从此陈独秀积极参与报章事宜，撰写文章，并于 1904 年 2 月 15 日在四处奔走之后使《安徽俗话报》创刊。《安徽俗话报》为同人杂志，由汪孟邹任老板的芜湖科学图书社发行，创办经费由皖籍爱国人士捐助。每月出版一期，每期一册，32 开本，零销大钱 50 文。栏目设置 13 个，即论说、要紧的新闻、本省的新闻、历史、地理、教育、实业、小说、诗词、闲谈、行情、要件、来文，后又设置格致、博物（后改为调查）两

---

① 陈独秀：《孔子之道与现代生活》，《新青年》第 2 卷第 4 号。

后来陈独秀回忆说："我那时也是二十几岁的少年，为革新感情所驱使，寄居在科学图书社楼上，做《安徽俗话报》，日夜梦想革新大业，何物臭虫，虽布满吾衣被，亦不自觉。"② 陈独秀就是这样怀着革新的梦想创办《安徽俗话报》，同时也把成就革新大业的梦想寄予《安徽俗话报》。

陈独秀以"三爱"的笔名在《安徽俗话报》上发表文章。对于创办《安徽俗话报》的主旨，他说："我开办这报，是有两个主义……第一是要把各处的事体，说给我们安徽人听听，免得大家躲在鼓里，外边事体一件都不知道。况且现在东三省的事，一天紧似一天，若有什么好歹的消息，就可以登在这报上，告诉大家，大家也好有个防备。我们做报的人，就算是大家打听信息的人，这话不好吗？第二是要把各项浅近的学问，用通行的俗话演出来，好教我们安徽人无钱多读书的，看了这俗话报，也可以长点见识。"③ 由此可见，陈独秀所说办报主旨的"两个主义"，显然一个是救国，一个是开启民智。

在呼吁救国方面，陈独秀撰写了大量文章，主要代表作品有《瓜分中国》（第 1 期）、《说国家》（第 5 期）、《亡国篇——亡国的解说》（第 8 期）、《亡国篇——中国灭亡的现象》（第 8、9、10、13、15 期）、《亡国篇——亡国的原因》（第 17、19 期）等。④ 陈独秀在第 1 期上开篇便警醒民众，惊呼："我

---

① 参阅贾兴权《陈独秀传》，第 26—66 页。

② 陈独秀：《在科学图书社二十周年纪念册上的题词》，载汪原放《回忆亚东图书馆》，第 200 页。

③ 陈独秀：《开办安徽俗话报的缘故》，《安徽俗话报》第 1 期。

④ 参阅贾兴权《陈独秀传》，笫 26—66 页。

们中国人，又要做洋人的百姓了呵！"东西方列强侵略者"打算把我们几千年祖宗相倚的好中国，当作切瓜一般，你一块，我一块，大家分分，这名目就叫做'瓜分中国'。照他们的瓜分图上，说俄国占了东三省，还要占直隶、山西、陕西、甘肃；德国要占山东、河南；法国要占云南、贵州、广西；日本要占福建；意大利要占浙江；这靠着长江的四川、两湖、三江几省，就分在英国名下了。"① 陈独秀指出中国亡国的根本原因在于主权的丧失，他说："只要这国的土地、利权、主权，被外国占夺去了，也不必要外国人来做皇帝，并且朝廷官吏，依然不换，而国却是亡了。"② 进而陈独秀疾呼要富国强兵，发展实业，"各省的矿山，自己开采，是第一件要紧的事，不让洋人开采，还是第二件要紧的事。办了第一件，就自然没有了第二件。若是只办第二件，不办第一件，那二件，也终究是办不成"③。并且为了激发中国军队报效国家的精神，陈独秀编写了《中国兵魂录》和《东海兵魂录》。前者介绍了中国历史上一些武将精忠报国，以身殉职的故事，后者介绍了"大和魂"精神在日俄战争中对日本军人的激励作用。虽然"大和魂"精神是日本军国主义的毒素，但是陈独秀还是把它介绍给中国的民众和军队，旨在期望中国军队轻死善战，保卫国家。④

在开启民智方面，陈独秀指出封建制度是造成中国落后的基本原因，也是东西方列强侵略得胜的关键因素。因此反

---

① 陈独秀：《瓜分中国》，《安徽俗话报》第 1 期。

② 陈独秀：《亡国篇——亡国的解说》，《安徽俗话报》第 8 期。

③ 陈独秀：《论安徽的矿务》，《安徽俗话报》第 2 期。

④ 参阅贾兴权《陈独秀传》，第 26—66 页。

抗列强侵略和反对封建主义是中国社会革命的主要内容。陈独秀根据西方资产阶级契约论思想，阐释了国家学说。他认为，一个国家必须具备三个条件：一要有土地，二要有一定的人民，三要有一定的主权。而在中国"朕即国家"的封建制度中，中国的官吏是"家鬼害家神。安排着洋兵到，干爹奉承，奴才本性"。因此挽救民族危亡必须反对君权、推翻封建统治。同时陈独秀极力推崇资产阶级的天赋人权学说，认为"当今世界各国，人人都知道保卫国家的，其国必强。人人都不知道保卫国家的，其国必亡。"进而指出中国国民中的两种劣根性性格："第一桩，只知道有家，不知道有国"；"第二桩，只知道听天命，不知道尽人力。"[①] 对此，陈独秀认为"一国非民智大开，民权牢固，国基总不能大安。徒只望君明臣良，那明君良臣活在的时候，国家还可以勉强安定，明君良臣一去，便是人亡政息，国家仍旧要衰败下来"[②]。因此要反对封建的伦理道德，改良国民教育。对此，陈独秀提出了很多改革的设想，甚至利用《安徽俗话报》进行教育普及，登载内容生动活泼、语言通俗易懂的文章，使"读书的人看了，可以长多少见识，而且本省外省本国外国的事体，没有一样不知道……教书的人看了，也可以学些教书的巧妙法子。种田的看了，也可以知道各处年成好歹。做手艺的看了，也可以学些新鲜手艺。做生意的看了，也可以晓得各处的行情。做官的看了，也可以明白各地的利弊。当兵的看了，也可以知道各处的虚实。女人孩子们看了，也可以多认

---

① 参阅贾兴权《陈独秀传》，第26—66页。

② 陈独秀：《中国历代的大事》，《安徽俗话报》第7期。

些字，学点文法，还看些有趣的小说，学些好听的歌儿"①。《安徽俗话报》因其通俗的文风深受读者欢迎，发行量达数千份，"一时几与当时驰名全国之杭州白话极相埒"②。

由于陈独秀鲜明的反对列强侵略和反封建的办报立场，使《安徽俗话报》在当时"起了组织革命和宣传革命的作用"。③ 清政府与外国侵略者联合起来，勒令《安徽俗话报》停刊，因而《安徽俗话报》在出了 22 期之后，于 1905 年停刊。④ 但是，《安徽俗话报》呼吁救国和倡导开启民智的新思想的传播，为即将到来的辛亥革命在安徽的展开奠定了良好基础。

随着辛亥革命浪潮的日益高涨，陈独秀积极投身其中，期间参与暗杀清廷顽固派首要人物，创建革命组织"岳王会"，并且在任教安徽公学期间，积极促成延聘革命志士来校任教或讲学，一时名人汇集。这些知名人物中有刘师培、柏文蔚、陶成章、苏曼殊、谢无量等。他们中有同盟会会员，也有光复会会员。这些知名人物宣扬民族民主革命，发表自己的政治见解与主张，激励和引导青年，使安徽公学成为安徽辛亥革命活动中心。陈独秀在出任皖府秘书长期间，还与人创办《安徽船报》并任总编辑。该报是辛亥革命后安徽第一张革命报纸。⑤ 辛亥革命之后，陈独秀参与讨袁活动，在安徽协助制定讨袁计划，并起草独立报告。"二次革

---

① 陈独秀：《开办安徽俗话报的缘故》，《安徽俗话报》第 1 期。
② 参阅贾兴权《陈独秀传》，第 26—66 页。
③ 参阅高一涵《辛亥革命前后安徽青年学生思想转变的概况》。
④ 参阅贾兴权《陈独秀传》，第 26—66 页。
⑤ 参阅贾兴权《陈独秀传》，第 26—66 页。

命"失败，陈独秀被逮捕。出狱之后，陈独秀去上海避难。

这个时候，芜湖科学图书社的汪孟邹接受陈独秀的建议在上海开办了上海亚东图书馆，这个时期政治上失意、生活也陷于困境的陈独秀协助汪孟邹打理亚东图书馆，还完成《字义类例》一书，并且编有《新华英文教科书》以求卖文为生。而情势正如陈独秀写给在日本的好友章士钊的信上所言及的："自国会解散以来，百政俱废，失业者盈天下又复繁刑苛税，惠及农商，此时全国人民，除官吏、兵匪、侦探之外，无不重足而立，生机断绝"；"仆本拟闭户读书，以编辑为生，近日书业，销路不及去年十分之一，故已搁笔，静待饿死而已。"① 章士钊接函后即邀陈独秀去日本。1914 年 7 月，陈独秀来到日本，在雅典娜法语学校学习法语，并协助章士钊编辑《甲寅》杂志。

《甲寅》杂志是一政论性刊物，由胡汉民发起，章士钊任主编，1914 年 5 月 10 日在日本东京创刊。该杂志设有时评、政论、通信、论坛、文艺等栏目，"以条陈时弊，朴实学理为宗旨，盖反对袁世凯而有学理之出版物也"②。主要作者有章士钊、陈独秀、李大钊、高一涵、张东荪、胡适、苏曼殊等。陈独秀在此期间以文会友，为创办同人杂志《新青年》储备了关系资源，特别是与李大钊的结识不仅为后来的《新青年》杂志转向传播马克思主义提供了人的因素，还为"南陈北李，携手建党"设置了一个具有历史意义的条件。

---

① 《甲寅》杂志第 1 卷第 2 期。

② 戈公振：《中国报学史》，生活·读书·新知三联书店 1955 年版。

陈独秀在协办《甲寅》杂志期间，积极为该刊撰稿，其中最有影响的文章为《爱国心与自觉心》。^① 而且这篇文章也是陈独秀第一次以"独秀"的名字发表的作品。这篇文章延续了陈独秀在《安徽俗话报》中开启民智的思想，批判了国人没有爱国心与自觉心因而对国事漠视的惰性，指出："今之中国，人心散乱，感情智识，两无可言。惟其无情，故视公共之安危，不关己身之喜戚，是谓之无爱国心。惟其无智，既不知彼，复不知此，是谓之无自觉心。国人无爱国心者，其国恒亡。国人无自觉心者，其国亦殆。二者俱无，国必无国。"此时的陈独秀更强烈地意识到国民爱国心与自觉心的重要性，意识到进行思想启蒙的迫切性。可以说《爱国心与自觉心》既是对《安徽俗话报》思想的延续，又是对《新青年》杂志创刊理念的前期思考，而《新青年》杂志的创刊又是这种思考探索的结果。陈独秀在《新青年》杂志之《敬告青年》一文中，进一步发表了自己对于自觉心的思考，指出："自觉者何？自觉其新鲜活泼之价值与责任，而自视不可卑也。奋斗者何？奋其智能，力排陈腐朽败者以去，视之若仇敌，若洪水猛兽，而不可与为邻，而不为其菌毒所传染也。"^② 在《新青年》杂志之《我之爱国主义》一文中进一步发表了自己对于爱国心的思考，指出："中国之危，固以迫于独夫与强敌，而所以迫于独夫与强敌者，乃民族之公德私德之堕落有以召之耳。即今不为拔本塞源之计，虽有少

第六章 陈独秀的办刊理念与《新青年》

---

① 陈独秀：《爱国心与自觉心》，《甲寅》杂志第 1 卷第 4 期。

② 陈独秀：《敬告青年》，《新青年》第 1 卷第 1 号。

数难能可贵之爱国烈士，非徒无救于国之亡，行见吾种之灭也。"①

而且陈独秀在强烈的忧国忧民情思驱动之下，为强调问题的严重性，以引起国人注意力，在《爱国心与自觉心》一文中采取了"故作危言，以耸国民力争自由者之听"及正话反说的话语姿态。如他在文中说："国家者，保障人民之权利，谋益人民之幸福者也。不此之务，其国也存之无所荣，亡之无所惜。""国家国家，尔行尔法，吾人诚无之不为忧，有之不为喜。吾人非咒尔亡，实不禁以此自觉也。"并且他在文中对资产阶级民主的美化从而得出结论"海外之师至，吾民必且有垂涕而迎之者矣"，有伤国人感情与尊严。因此该文刊出，争论广泛，章士钊说该文"愚获诘问叱责之书，累十余通，以为不知爱国，宁复为人，何物狂徒，放为是论"。但随着袁世凯对外卖国、签订屈辱的"二十一条"，对内镇压革命势力、复古称帝嘴脸的日益暴露，国人渐渐看清了袁世凯的真面目，因而对陈独秀的态度来了个一百八十度的转弯，由原先的误解、责骂转为接受和推崇，就连梁启超也不例外。② 对此，章士钊说："今距此事又数月，国中政事，足以使青年之士，意志沮丧，莫知所属者，日进而未有己。爱国心之为物，不幸卒如独秀君所言，渐次为自觉心所排而去，甲乙递染如中恶疾，特独秀君为汝南晨鸡，先登坛唤耳，最近梁任公先生且以有国不优于无国之例若干事，痛告吾人。吾见夫举国人睯睯作此想者，盖十人而八九也，特

---

① 陈独秀：《我之爱国主义》，《新青年》第 2 卷第 2 号。

② 参阅贾兴权《陈独秀传》，第 26—66 页。

不敢质言耳。梁先生所为惊人之鸣，竟至与举世盖骂之独秀君合辙而详尽又乃过之，谨厚者亦复如是，天下事可知矣。"① 陈独秀这种"危言耸听"式的激进话语风格不仅有利于警醒国民的惰性意识，而且容易引发国人关注、争论与思考，就传媒本身就是注意力经济而言，陈独秀的话语系统切合了传媒自身生存发展的要求，因而也是陈独秀办报成功的关键因素。陈独秀这种传媒语言风格的形成既有国势所迫，也是受维新变法、辛亥革命以来政治家办报刊的语言文风的熏染所致。

二 文化启蒙与政治救亡

启蒙和救亡支撑着中国历史向近代史、现代史转型的历史结构，这是中国转型期的社会景观。从陈独秀创办《安徽俗话报》本着启蒙和救亡"两大主义"来看，启蒙和救亡是陈独秀办报理念的宗旨。这种理念的形成是基于中国面临列强侵略和社会转型的历史需求，也是对维新政治家办刊理念的延续。辛亥革命的失败，由陈独秀发表在《甲寅》杂志上的《爱国心与自觉心》一文可以看出，陈独秀的思想侧重点转向了启蒙，认为启蒙是革命的基础。因此，《新青年》杂志初创便以倡导民主与科学的启蒙大旗引领舆论潮流，并且以"文学革命"入手，主要在知识界发起了新文化运动，使启蒙的理念附着于文学这个本身极具传播影响力的艺术文本，因而新文化运动因为拥有具体的内容而彰显出巨大的影

---

① 章士钊：《国家与我》，《甲寅》杂志第 1 卷第 6 期。

响力，并且这种影响力通过"五四事件"很快显现出效果。而随着国际国内形势的发展，特别是俄国十月革命的影响，陈独秀在接触马克思主义理论学说的过程中，对马克思主义产生了极大的兴趣，因为他一直在探寻启蒙实现的价值——救亡的成功，而他认为马克思主义应该是中国实现救亡命运的一种选择，因此，《新青年》的办刊理念自然地由启蒙转向了救亡，由文化启蒙转向政治启蒙，转向了传播马克思主义，转向了实践的社会革命。《新青年》办刊理念的确立和变化，实际上还是陈独秀对《安徽俗话报》办刊理念的传承，理念没有变，变化的是理念表述的侧重点的转移以及理念内涵的意义延展。也正因陈独秀在办刊理念上延续性的系统思考，才使《新青年》杂志的传播效果辐射出这么大的影响力。

不仅如此，《新青年》杂志创刊时陈独秀已经是一个资深的报人，在杂志经营运作方面具有丰富的经验，而且在杂志语言运用和栏目设置以及版面编排方面因为经验积累而有所创新。《新青年》在倡导白话文的同时，积极推进杂志自身的语言改革，从第4卷起白话文逐渐增多，到第6卷几乎全是白话文。而且在推广白话文的同时，《新青年》从第4卷起率先采用标点符号，第7卷第1号刊布了《本志所用标点符号和行款的说明》，统一使用的标点符号共有13种。

在杂志栏目设置上，针对杂志月刊的特点，为加强编读往来，信息互动，杂志所设置的"通信"一栏尤为引人注目，反响强烈。而"随感录"一栏则为杂文文体的培育和发展提供了媒体平台。《新青年》杂志的这些传媒自身的改革优化从另一个侧面体现了主编陈独秀的编辑思想，而且也促进了当时其他媒体的改革。陈独秀对传媒自身建设的思想也体现在他主创的《每周评论》上，如在标题制作方面的创新：4开4版的《每周评论》，一版分为4栏，在报道五四运动时，头条就曾采用占两栏的大字标题。它还采用过通栏大标题，如《对于北京学生运动的舆论》这一标题，纵贯全版，极为醒目。①

纵观之，陈独秀身兼革命家与报人的双重角色，正是他社会人生价值取向于救亡与启蒙的体现，而创办报纸杂志则是陈独秀表达和实现其价值取向的途径和工具。而陈独秀传统教育与新式教育相融、中西文化兼备的文化积淀则是使他成为新文化运动倡导者和领导者的一个有利条件，也是使《新青年》成为历史名刊的一个关键因素，同时也是其办刊理念形成的文化背景。而支撑陈独秀办刊理念的文化观念是两元的，一元是近代理性主义文化观念，人文精神、人本观念；另一元是人民本位、现代民本文化、马克思主义文化观念。而这二元的文化观念又是陈独秀引进西学的触动，其中人本观念的倡导又是以民本观念为目的的。只是因为社会情势的急剧变动和中国历史自身的原因，陈独秀的人本观念并没有得以舒展。陈独秀的二元文化观念体现其办刊理念中对《新青年》杂志的影响是，前期的《新青年》杂志以倡导近代理性主义文化观念，人文精神、人本观念为主，提出了"伦理的觉悟是最后的觉悟，是觉悟之觉悟"的著名命题，反映在文学上则是周作人的"人的文学"的主张。随着陈独

---

① 方汉奇、张之华主编《中国新闻事业简史》，中国人民大学出版社1955年版，第198页。

秀成为一个马克思主义者，后期的《新青年》杂志以倡导人民本位、现代民本文化、马克思主义文化观念为主，通过工农现代革命的方式和道路解决中国的问题。而陈独秀二元文化观念经由《新青年》杂志的传播，对于"五四"文化观念的二元特征的形成起到了主动的作用，也可以这样说，陈独秀二元文化观念正是"五四"二元文化观念特征的个体表达。

"五四"的文化观念则是两元的，一元是近代理性主义文化观念，人文精神、人本观念；还有一元，人民本位、现代民本文化、马克思主义文化观念。不是单一的文化观念，而是两元的文化观念，作为中国现代史双重精神性源头，在很大程度上决定着中国文学、中国文化乃至中国社会的现代转型、历史发展和历史特征。

两元文化都是外来文化，是大体同时、略有先后（近代理性主义略先，马克思主义略后）引进中国，开始并立，但很快出现分歧，焦点是，谁更适合中国？中国更需要谁？这分歧、这焦点、实际构成中国现代文学、中国现代文化、中国现代社会历史发展的真正的分水岭。中国文学、中国文化乃至中国社会的现代转型、历史发展、历史特征，一切一切，在很大程度上均取决于这分歧、这焦点的历史解决，取决于历史对这分歧、这焦点的弃取。而历史的这种解决、这种弃取，恰恰是我们今天反思的对象。反思历史就是反思历史的解决和弃取。[①]

《新青年》杂志由前期倡导人本观念让渡为后期对民本观念的倡导，就是历史对二元文化解决和弃取的一种体现，也是陈独秀办刊理念发生变化的一种阐述，更是作为中国历史向近、现代转型过程中启蒙与救亡悖论性对峙结构方式的反映，而这种反映恰恰说明了启蒙与救亡各有其作用和局限。

启蒙主义的文化批判实质上是一种"文化救国论"，它虽然在颠覆历史的文化障碍方面有其独特的功效，但其空想主义的历史特征也是显而易见的。其空想主义表现为两个方面：一是批判的武器确实不能代替武器的批判，它无法完成只有救亡才能完成的任务；二是需要启蒙的现实并没有提供可以实现启蒙目的的历史条件，被启蒙者不具备可以接受启蒙的文化基础，对话不能实现。它所起的作用，只是在知识者范围或曰在作为社会文化核心的知识者话语内改变价值取向和基本结构，从而引导历史的发展。救亡相对启蒙来说，则是更直接更有效地改变阶级或民族现实生存状况的实践性力量。如果说启蒙使用的武器是西方文化的话，那么救亡所依赖的则是社会集团的力量。但也正因如此，在其调动社会集团力量时，就必然向阶级的或民族的

① 解洪祥：《中国现代文学精神》，第343页。

本位文化认同，而与启蒙主义相对立。由此可以看出，启蒙和救亡各以其历史不可缺失的一面，支撑着历史，这或者也可以看做中国历史在特殊前提下以特殊方式进入和推进近、现代化过程时，所必然呈现的唯一可能的现实性结构。①

而本论的思考在于，陈独秀的办刊理念如何影响《新青年》，《新青年》又是如何影响公众舆论，从而发挥大众传媒的社会能动性，以及对于社会转型所造成的意义。这意义便是中国现代历史本身，便是中国现代文学精神的失衡与悖反。

---

① 孔范今：《走出历史的峡谷》，第2页。

结　语

一　文学革命议题设置与中国文学现代转型

　　至此，在清末民初大众传媒作为独立产业兴起之前，在《新青年》杂志创刊之前，文学（主要是诗词歌赋）在中国虽然是传统文化的主流，但是它的每一次变革与发展都是在娴熟运用古文言的文人墨客达官贵人中悄然进行的，文学失却了它本身的大众意义。而只有大众传媒的兴起与发展，特别是至《新青年》提倡白话文运动所导致语言大众话语的形成，为文学的平民化、大众化的现代转型提供了必要条件。而传媒的大众化，则使"从上世纪末到本世纪初，一代文学所表现出来的由'雅'向'俗'的平民化倾向、从内容到形式相对自由的创造，和求新逐异的种种艺术旨趣的呈现，都表现为一种新的审美品格而与古典文学区别开来"①。

　　而更有意义的是，文学借助传媒的力量，以"革命"的话语姿态在中国现代历史上造成了一场轰轰烈烈的新文学运动，它使中国文学自戊戌以来的现代转型形成了一个阶段性的成果与高潮。这场发端于《新青年》的"文学革命"远胜于至此之前的历史上任何文学的发展与变革所施加于社会政治文化的影响，显示了大众传媒的力量。"文学革命"对于

---

① 孔范今主编《二十世纪中国文学史》，山东文艺出版社 1997 年版，第 16 页。

中国文学现代转型的意义，不仅在于它对新文学语言、文体、文学主题、审美等的注塑之力，亦犹在于对中国文学现代转型之现代文学精神的注塑。分析"文学革命"议题设置对于中国现代文学精神的注塑，首先要回视"文学革命"议题设置的背景，"文学革命"议题设置所依托的《新青年》杂志的办刊理念以及《新青年》在历史变迁中的自身命运的变化。

"文学革命"议题设置是近代以来所形成的启蒙与救亡两大历史力量所由使然。启蒙与救亡是自鸦片战争以来中国社会最强烈的民意，为达此目的，中国的有识之士诉诸洋务、改良，甚至革命，但是这一系列行为都没有完成从根本上改变中国的任务。因为这个时期的启蒙是反封建的旧民主主义的思想启蒙，思想革命，救亡则是反封建的资产阶级政治革命。但是这种启蒙和救亡在中国没有形成互动，并没有像欧洲那样反封建的启蒙直接导致资产阶级革命的胜利。其根本原因就在于中国社会历史的特殊性，在于中国资本主义发展而又不发展的历史现实，在于中国缺乏实现资产阶级革命胜利的利益集团。这说明，人文精神、人本观念是和近代资本主义工商业、近代经济相呼应，相起伏而至相始终的。历史证明，戊戌之后的办报高潮以及梁启超等进行的文化革新是对戊戌的文化反思；辛亥革命则是对戊戌维新改良的政治反思，是政治革命，但是这种政治反思这种政治革命替代改良在中国是行不通的。原因何在？陈独秀等这些具有留学背景的知识分子在与西方文化对比中认为原因在于积久生疾不思改革的中国传统文化。陈独秀等借助《新青年》杂志传媒的社会能动性，把对辛亥革命的文化反思推向了一个舆论高潮，对中国传统文化进行颠覆性的价值质疑，开始了新一轮的启蒙，新的救亡道路的探索。而在这新一轮的启蒙与救亡中，既有对戊戌以来的反封建的资产阶级启蒙与救亡的延续，也有对马克思主义思想革命政治革命的新质启蒙与救亡，而且马克思主义的思想启蒙政治启蒙最终成为《新青年》区别于前期启蒙的划时代标志。《新青年》杂志第 7 卷之前的启蒙主要是对辛亥革命的文化反思，是民主主义人本主义的文化启蒙。这种文化反思的结果是民主主义人本主义在中国只能是一种文化，这种文化不能化为社会运动、社会实践，因而也就不能化为社会制度，不能达到实现救亡的目的。《新青年》杂志第 7 卷之后对马克思主义的关注与传播则是对辛亥革命的政治反思，表现为政权本位和人民本位的政治革命思想与实践的启蒙救亡。历史的实践证明，第 7 卷之后的启蒙与救亡形成了互动，它的结果最终导致了新民主主义革命的胜利。但是这种启蒙与救亡互动的实现并不能排除对前期启蒙的需要，而且这种需要会在社会历史的发展中以某种方式强烈的凸显出来，唤醒对它的再次关注。

而就媒体设置的议题与公众所关注的议题之间有一种高度对应的关系来看，媒体议题的设置一般情况下必须表达社会情绪，反映公众的心声，代表舆论，只有关心大家普遍关心的问题，才能获得广泛的注意力，从而实现传媒的影响力。

由此可以看到在近现代中国历史启蒙与救亡的社会舆论背景之下，《新青年》受历史需要的感召，秉承启蒙与救亡的办刊理念，发起一场文学的运动，自然担当启蒙与救亡的责任就成为中国历史的特殊性赋予转型中的中国文学的社会属性之一。而传媒追求社会效益与经济利益的需要也使它与具有吸引注意力特质的文学联盟，从而使文学成为这个时期传媒话题策划和报刊内容设置的景观。

梁启超进行文学革新对小说的推崇源于对小说与群治之关系的看重，《新青年》设置"文学革命"议题同样也是看重了利用文学进行启蒙的效果，这样虽然赋予了转型中的中国文学强烈的工具意识，但也正反映了文学对于社会政治、经济与思想文化等的制动之力。具体到《新青年》杂志，具体到《新青年》杂志之"文学革命"议题设置给中国现代文学转型之中国现代文学精神的影响则体现于中国现代文学精神的生成与发展之中。对于中国现代文学精神的生成与发展，解洪祥先生出版的专著《中国现代文学精神》，对此作了精辟的论述。而本书在这里仅就传媒对文学的影响力方面，阐述《新青年》杂志、《新青年》杂志之"文学革命"议题对于中国现代文学精神的影响力。而阐述与分析的理论依据则是解洪祥先生的《中国现代文学精神》。

《新青年》杂志之"文学革命"对中国文学现代转型之中国现代文学精神生成与发展的影响力，是通过杂志制导传播的两类文化传导的。

《新青年》杂志传播的文化是多元的，但是从根本上来说则主要有两类文化，一类是基于近代理性主义、民主主义文化思想的个人本位伦理主义文化，主要体现于《新青年》杂志的前7卷之中，"文学革命"议题设置就是这类文化的舆论体现；另一类是基于马克思主义文化思想的人民本位、社会革命历史主义文化，主要体现在《新青年》杂志7卷之后的各卷之中。基于近代理性主义、民主主义文化思想的个人本位伦理主义文化对中国文学现代转型的影响在"文学革命"时期是基本的和整体的，形成了"文学革命"时期现代伦理主义的文学精神，作为这种精神表现的理论思潮则是周作人的《人的文学》、《平民文学》和一系列讨论文学革命的理论文章。"文学革命"时期现代伦理主义文学精神表现为创作思潮是整体性的，杰出的代表是鲁迅。[①] 而随着主编陈独秀以及《新青年》杂志的编辑作者如李大钊等由民主主义走向马克思主义，《新青年》杂志的嬗变，"文学革命"议题让渡为政治革命。基于马克思主义文化思想的人民本位、社会革命历史主义文化对该时期中国文学现代转型已产生实际的影响，但这种影响是微弱的，可以从李大钊所发表的《什么是新文学》一文中得到佐证。但是陈独秀、李大钊思想的这种转变，却预示了此后新文学历史发展的一个带有相当普遍性和重大历史意义的文学走向。

从《新青年》杂志来看，二元文化的引进在中国稍有前后，在一段时期内共时存在，但是历史的发展和中国社会情势的急剧变化并没有为二者提供平等发展的条件和机会，历史对二元文化作出了选择，选择的标准是谁更适合中国国情，而《新青年》杂志的转向、嬗变就是历史、社会革命对二元文化谁居主导地位的选择，这种选择本身就预示了中国文学现代转型的走向。历史对二元文化的弃取实际上就是启蒙与救亡悖论性对峙在文化思潮中的反映。

正是启蒙和救亡这种悖论性的对峙效应使人本与民本在具体历史行为中往往陷入对立。"人民本位应该成为我们永

---

① 解洪祥：《中国现代文学精神》，第 117 页。

远的观念。但是，我们必须划清封建主义的完全泯灭个体的盲目的群体概念和以自觉个体为前提的科学的群体概念的界限。我们强调个体，强调个体的尊严、价值和权利，同人民本位一点都不矛盾，而且会使人民本位的概念更加科学、更加坚实、更加充满潜力和活力。历史一再证明，一旦把人民本位同个体观念对立起来，一旦抽去人民本位概念中本有的个体观念，一旦失去对个体尊严、价值和权利应有的、必要的尊重，在空洞的缺乏个体观念的所谓人民本位旗帜下，人们会干出多少骇人听闻的事情。"① 这说明启蒙，特别是民主主义人本主义的思想启蒙在中国是不充分的，不彻底的。

康德在《什么是启蒙?》中把启蒙定义为人类运用自己的理性而不臣属于任何权威。福柯在《什么是启蒙?》中对启蒙如此诠释："我们决不应忘记启蒙是一个事件，或者一组事件和复杂的历史过程……它包括社会转型的因素。政治体制的类型，知识的形式，实践和知识的合理化方案，技术的变化，所有这些是非常难于用一个字总结的。"② 在中国进行启蒙相比较西方来说艰难的多，其中因素既有中国传统文化积淀的人性中的不足，更有资本主义在中国的不发展所导致的独立阶层的未形成有关。经济的发展是启蒙的基础，只有在发展经济中，受制于经济规律，人的个性才能获得充分展示和张扬，从而导致社会规范的完善，社会正义的出现以及政治民主的实现。

---

① 解洪祥：《中国现代文学精神》，第 355 页。

② 包兆会：《20 世纪中国知识分子的启蒙困境》，《文艺争鸣》2002 年第 5 期。

尽管"文学革命"时期现代伦理主义的文学精神促使了"人"的觉醒，在一定程度上实现了启蒙的需求，但是中国国情的特殊性只能使启蒙流于舆论的层面，难以触动根基。因此，《新青年》杂志的嬗变，以人为本位的民主主义文化让渡为以民本为本位的马克思主义思想文化就成为势所必然。而文学也由"文学革命"进入"革命文学"时期。但是，这种嬗变，这种让渡并不排斥对以人为本位的民主主义文化启蒙的需要。实践证明，在中国现当代历史的进程中我们常常忽略了这种需要，我们因此付出了代价，表现在中国现代文学精神的特征上则就是背离与遗忘，失衡与悖反①。所以，启蒙在中国是一个不能结束的话题，它需要一个经济的运动，一场经济的变革。

　　另一方面，秉承《新青年》杂志启蒙与救亡的办刊理念，由"文学革命"发端的新文化运动对于中华民族精神觉醒的启蒙之力，实践证明是意义深远的，而文学亦以追求现代性的文学精神自觉担当了启蒙的主动角色，因此，"文学革命"议题设置的功利性对中国文学转型所产生的影响，也使研究者对于文学的研究，在中国更多地表现为侧重思想的研究、文化的研究，而不是文学自身的研究。也就是说中国文学转型的特殊性使对中国现代文学的研究难以回到文学自身。而中国现代文学的特殊意义及其对中国革命所发挥的作用也就在于它消解了自身的独立性。

　　本论从传媒的角度解读"文学革命"是要复原其中被误解误读的初始含义，那种传媒自身的规律、意义对于文学的

————————

① 解洪祥：《中国现代文学精神》，第2页。

影响力。而从传媒的角度研究"文学革命"亦有赖于当前传媒与政治集团利益关系的松动，传媒作为产业的市场化的发展，使传媒作为独立的视角进入研究者的视域。

二 《新青年》叙事与文学革命传播

1. 叙事体制——《新青年》文本结构

创意、策划、构思要变现为通过用户使用从而产生价值的产品，就必须附着于具体的文本，借助于由思想逻辑建构的叙事体制，才能完成最终的产品意义。《新青年》作为杂志媒介，它的叙事体制同样需要具象表达为它作为杂志媒介的文本结构。关于其叙事体制，《新青年》在其第1卷第1号的社告中作了如下阐述：

> 一、国势陵夷，道衰学弊。后来责任，端在青年。本志之作，盖欲于青年诸君商榷将来所以修身治国之道。
>
> 二、今后时会，一举一措，皆有世界关系。我国青年虽处蛰伏研求之时，然不可不放眼以观世界。本志于各国事情、学术、思潮尽心灌输，可备攻错。
>
> 三、本志以平易之文，说高尚之理。凡学术事情足以发扬青年志趣者，竭力阐述。冀青年诸君于研习科学之余，得精神上之援助。
>
> 四、本志执笔诸君，皆一时名彦。然不自拘

限，社外撰述尤极欢迎海内鸿硕。倘有佳作见惠，无任期祷。

　　五、本志特辟通信一门，以为质析疑难发舒意见之用。凡青年诸君对于物情学理有所怀疑，或有所阐发，皆可直缄惠示。本志当尽其所知，用以奉答，庶可启发心思增益神智。

　　社告表述了《新青年》作为杂志媒介的叙事体制所具备的传播行为规则，即：谁（第四条）——>说什么（第二条）——>怎么说（第三、五条）——>对谁说（第一条）——>有什么效果（第一条）。因此，作为叙事体制外在形态的《新青年》杂志文本结构，从其封面设计到正文目次、内文插图、广告插入等，都赋予文本结构以预设的思想、意义，让读者从有限的文本中去解读结构更多潜在的意义。值得一提的是，《新青年》特辟"通信"一栏，强调了其杂志文本结构的互动性和开放性以及向社会伸展的一种势能。"通信"通过答疑的方式，激发读者阅读，开拓公共话语空间，设置阅读路标，营造浓郁的阅读趣味和精神共享的阅读形态；并且通过和读者的交谈产生多渠道的信息碰撞，增强读者的忠诚度和培育新的读者。和读者互动的"通信"一栏，在《新青年》杂志的发展和演变过程中，根据启蒙和救亡的需要，依次改版为"读者论坛"、"评坛"，由一问一答改为大家评说论道。

结　语

187

2. 文字材料——白话叙事

　　叙事是文字的艺术，文字是组成叙事的材料。《新青年》

叙事体制的文字规则是倡导白话文反对文言文。胡适在《新青年》第2卷第5号发表的《文学改良刍议》中指出："盖吾国言文之背驰久矣，自佛书之输入译者以文言不足以达意，故以浅近之文译之，其体已近白话。其后佛氏讲义语录尤多用白话为之者，是为语录体之原始，及宋人讲学以白话为语录，此体遂成讲学正体。……中国文学当以元代为最盛，可传世不朽之作当以元代为最多，此可无疑也。当是时中国之文学最近言文合一，白话几成文学的语言矣，使此趋势不受阻遏，则中国几有一。……而但丁、路得之伟业，几近发生于神州。不意此趋势骤为明代之所沮，政府既以八股取士，而当时文人如何李七子之徒，又争以复古为高。于是此千年难遇言文合一之机会，遂中道夭折矣。然以今世历史进化的眼光观之，则白话文学之为中国文学之正宗，又为将来文学必用之利器，可断言也。以此之故，吾主张今日作文作诗宜采用俗语俗字。……与其作不能行达不能普及之秦汉六朝文字，不如作家喻户晓之水浒西游文字也。"鉴于此，胡适提出的"八事"之说，即是针砭当时积久以来的八股文风和由此浸染的士人八股思维方式，将白话附着于文学。仅从文体来讲，八股文虽然不属于叙事文的范畴，但它遵循"代圣贤立言"的思想逻辑，把中国的文字按照一种严格苛刻的范式组织在一起，命题取士，使应试者必须依照八股套数，以对仗排偶的文字规则起承转合，抑制中国文字表达的张力，不能充分表达情感和思想，压抑士人的创造个性，是导致"国势陵夷，道衰学弊"的深层次的文化根源。《新青年》伊始，"盖欲于青年诸君商榷将来所以修身治国之道"，宗旨在于思想启蒙，提倡"科学"和"民主"。进行思想启蒙的文字利器和载体则是白话，而白话作为文字的艺术，它的普及推广必须附着于具象的物品，而文学无疑是最好的选择。因为文学是灵性之文，它能承载和包容无限张扬的个性、思想和情感。而若让文学从庙堂之高，传播至江湖之远，须从"不避俗字俗语"的白话叙事始，而且当时的白话小说已经具有一定的影响力。这样，文学借助白话叙事易为广众接受，白话借助文学作品、人物形象、故事情节的力量可以广为普及。

胡适在《新青年》上发表的《文学改良刍议》一文把白话叙事推至舆论中心。《新青年》上最早出现的白话文字也是胡适用白话翻译的俄国泰来夏甫的短篇小说《决斗》，载第2卷第1号。但白话文的广为传播却是在五四运动以后，究其原因，既有《新青年》杂志的经营惨淡，亦有守旧势力的反对，同时白话文的普及需要借助五四这样一场声势浩大的革命运动。而守旧势力对白话文的反对在五四运动以后依然持续不断。这一点可以从胡适发表于《新青年》第7卷第3号《国语的进化》一文中得以佐证——"现在国语的运动总算是传播得很快很远了。但是全国的人对于国语的价值，还不曾有明了正确的见解。最错误的见解就是误认白话为文言的退化。这种见解是最危险的阻力。"为了证明白话的应用是进化而不是退步，胡适在此文中从应用角度进行了立论，指出"一切器物制度都是应用的。因为有某种需要，故发明某种器物，故创造某种制度。应用的能力增加，便是进步；应用的能力减少，便是退步。"经由科学和民主的思想启蒙、文学革命、五四运动、政治救亡，白话诗、白话小说、报章体、散文体的白话叙事得以迅速传播和普及，中国叙事由古典阶段进入现代阶段。

3. 叙事方式——历时性与共时性

结构主义是一种研究方法。历时性与共时性是结构主义作为一种研究方法所被使用的工具，它常被用来研究语言、文本、文化和社会经济结构。历时性强调的是事物发展的时间性，即事物发展的历史线性规律及其特征；共时性强调的是事物发展的空间性，即事物发展的主体性特征和其开放的维度。如果把《新青年》杂志作为一个具有独立体系的叙事文本进行纵观分析，就会发现支撑其文本叙事的思维逻辑是两条相互交织的主线，即历时性——中国传统文化发展过程中新文化和旧文化的交战、碰撞；共时性——中国传统文化发展的主体性特征和世界各国文化发展状况的对比、吸纳。

建构叙事文本，西方长于从语言学入手，中国则长于从史学文化切入。《新青年》杂志亦是如此。《新青年》杂志以史学文化建构叙事文本的基础材料是其登载的史论文章。以《新青年》杂志第 1 至 9 卷第 1 号目次为例，比较史论文章在目次中所占的比例，见下表。

史论文章的比例

单位：篇

卷／号	目次数	史论文章
第 1 卷第 1 号	13	6
第 2 卷第 1 号	12	7
第 3 卷第 1 号	15	7
第 4 卷第 1 号	12	11
第 5 卷第 1 号	24	15

卷／号	目次数	史论文章
第 6 卷第 1 号	15	12
第 7 卷第 1 号	20	18
第 8 卷第 1 号	27	24
第 9 卷第 1 号	21	18

从上表可以发现，史论文章数占有其目次总数的 50%
以上。这说明在建构《新青年》杂志的叙事文本中，叙事者
以史论叙事，历时性和共时性分析工具并用，在中国新旧文
化和东西方文化领域纵横驰骋，成就诸多经典名篇和名言警
句。如陈独秀的《敬告青年》："窃以少年老成，中国称人之
语也。年长而勿衰，英、美人相勖之辞也，此亦东西民族涉
想不同现象趋异之一端欤？青年如初春，如朝日，如百卉之
萌动，如利刃之新发于硎，人生最可宝贵之时期也。青年之
于社会，犹新鲜活泼细胞之在人身。新陈代谢，陈腐朽败者
无时不在天然淘汰之途，与新鲜活泼者以空间之位置及时间
之生命。人身遵新陈代谢之道则健康，陈腐朽败之细胞充塞
人身则人身死；社会遵新陈代谢之道则隆盛，陈腐朽败之分
子充塞社会则社会亡。"还有如陈独秀《法兰西人与近世文
明》、胡适《文学改良刍议》、陈独秀《文学革命论》、李大
钊《庶民的胜利》以及经典译文如罗素的《能够造成的世
界》、《民主与革命》等。也正是这些史论经典名篇和名言警
句，营造了《新青年》杂志叙事的史论氛围，充实了《新青
年》杂志叙事文本的丰富内涵。

《新青年》作为一本杂志媒体，既然是媒体，其叙事文

本就要有焦点，就要聚焦。焦点是叙事文本的精神之所在，意蕴之所在，是文本的亮点。《新青年》杂志是以"科学"、"民主"、"白话文"、"文学革命"、"文化启蒙"、"政治救亡"等关键词广为传播影响深远的，而这些关键词就是《新青年》杂志叙事文本的焦点。其中，文学革命是其焦点中的焦点。究其原因，一是胡适、陈独秀等从历时性和共时性的视角分析，通过史论佐证文学革命为中国传统文化发展必然之趋势，亦是世界发展之潮流，二是《新青年》杂志刊载了大量的白话诗、白话小说、散文体作为对史论理论的支撑和丰富，从理论到实践（作品）围绕文学革命自成焦点体系，形成聚能效应，扩大文学革命的传播影响力。《新青年》杂志汇聚了中国新文学史上最早的一批白话新诗，而且第一篇白话小说和白话独幕剧剧本也是首发于《新青年》杂志。尤其是鲁迅先生的《狂人日记》和其后发表的《孔乙己》、《药》、《风波》、《故乡》等，不仅开创了现代白话小说的先河，而且引领了中国现代文学的历史新高度，跻身于世界现代文学经典。同时，《新青年》杂志还译载了屠格涅夫、王尔德、莫泊桑、契诃夫等外国名家的作品，1918 年 6 月出版了"易卜生专号"。文学革命成为《新青年》杂志叙事文本的精神之所注，以史论文章作为焦点的文学革命成为其有意味的空白，而"通信"、"读者论坛"、"评坛"这些和读者互动的栏目则成为"有意味的空白"中流动的意蕴。

附 录

一 《新青年》杂志广告辑录

1. 第 1 卷第 3 号——中国精益眼镜公司

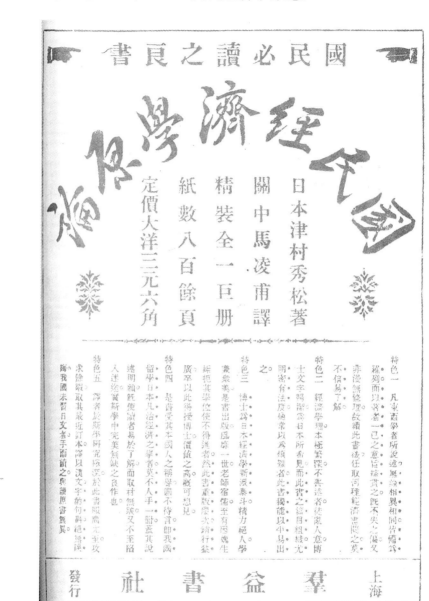

5. 第 4 卷第 5 号——《湖南名笔》

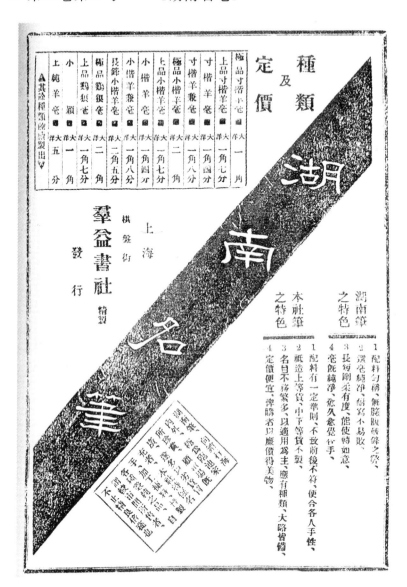

模範英文教本

第一二冊定價各五角

第三四冊在編譯中

陳獨秀著

歐美人之習其國文也少者誦讀本（Reader）稍長則習文法（Grammar）其後自能為文；若夫語言固不求之於書籍也至習外國語言文字則異是德國人之習英文英國人之習法文者必於讀本文法之外別製一種 lesson 書糅合會話文法縮譯而為之且釋之以國文焉蓋習外國文與習本國文異趣必如是而其國語言文字之綱要習始易於曉喻而灼解也是書體制由淺入深由簡之繁別為四冊第一冊釋八種詞之要略第二冊釋各種詞之不規則法第三冊釋各種詞之特別要點第四冊釋動詞之各種法（如 Mood, infinitive 之類）及各種前置詞之用法簡要不蕪曲折透達實中國人學英文之善本也。

7. 第 6 卷第 3 号——《民国公报》

北京大學

新潮

第一卷三 版預 約！

本誌是介紹西洋有益思潮，批評中國學術上社會上各問題的月刊出版後讀的人非常歡迎，初版早完了，再版出來還不到半月也完了。但是各界要求的信還是來個不了，所以趕印三版發售預約愛讀的人得此極好機會想必高興的很。

（册數）

洋裝的 第一卷一號至五號，全卷合裝一冊。

平裝的 第一卷一號至五號，全卷分裝五冊。

（價目）

預約 洋裝的全卷五冊一元五角。平裝的全卷五冊一元二角。零本每冊三角。

截此後 洋裝的一元八角平裝的全卷五冊一元五角。零本不賣。

（時期）

預約期 本埠陽曆十一月三十號截止外埠陽曆十二月十號截止零本本外

截書期 陽曆十二月十號份陽曆九年一月十號兌起

兌書期 本埠陽曆十一月十五號截止（外埠統以發信日為準）但洋裝的須九年一月十號再兌

（郵費）

國內 號洋裝一件加五分平裝兩件加一角。本埠每冊一分半每卷七分半外埠每冊三分每卷一角五分如要掛

國外 日本與國內同其餘各國每冊一角每卷五角。

不通匯兌的地方，可用郵票代洋，九五折算。外國郵票不收。

上海五馬路棋盤街西首

亞東圖書館發行

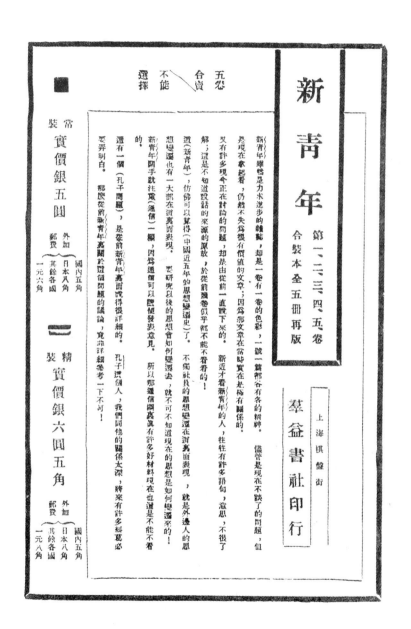

10. 第 7 卷第 3 号——《新青年》杂志

注意！
第一號刊號已售罄
現再版出書日再通告

本誌是由中國公學
編譯社編譯以研究
現時中國社會問題
及灌輸新學說爲主
旨

第一卷第二號目次

社會改造與共同討論
社會問題之面面觀
人生觀念之形式與改變
近代世界文學之潮流
軍閥政治評論
勞働問題之發端
社會主義與犯罪學
生計問題之研究
租稅問題之研究
政治理想（續）
詩－非不代謠－明月樓述－婉容詞
一個婦人的感想
山東問題始末
日俄德三國同盟

K S
曹任遠
陳達材
楊亦曾
梁喬山
劉秉麟
曹任遠
東蓀
周君南
陳達材
吳芳吉
K S
周君南
周君南

定價

每冊	二、角	
半年六冊	一元一角	
全年十二冊	二元	

郵費
中國 每冊三分
本 每冊三分
其他各國 每冊六分

上海五馬路棋盤街西首 亞東圖書館發行

11. 第 7 卷第 5 号——《诗学研究号》

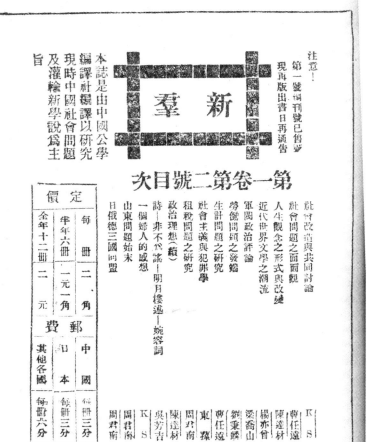

13. 第 8 卷第 4 号——《平民周刊》

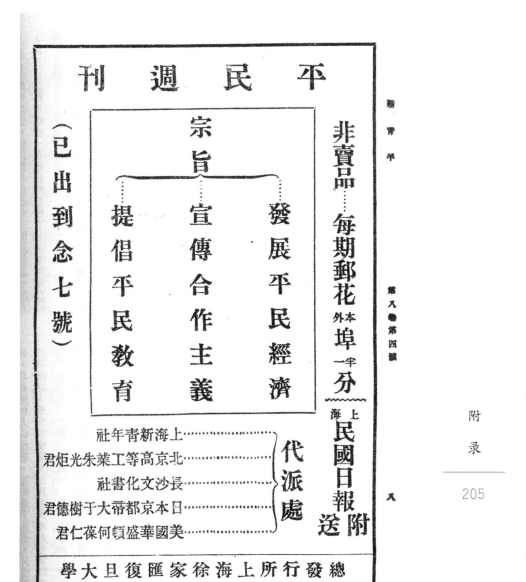

平 民 週 刊

非賣品……每期郵花 本埠一分 外埠半

上海民國日報附送

宗旨

發展平民經濟
宣傳合作主義
提倡平民教育

（已出到念七號）

代派處

上海新青年社
北京高等工業朱光炬君
長沙文化書社
日本京都帝大于樹德君
美國華盛頓何葆仁君

總發行所　上海徐家匯復旦大學

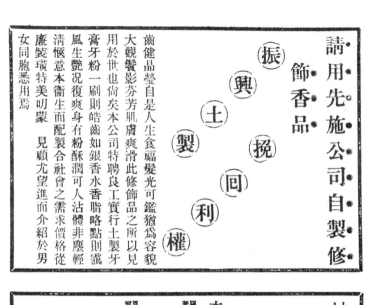

本社出版的；新青年雜誌，和新青年叢書——上海方面，

已託商務印書館·伊文思圖書公司·泰東圖書局·亞東圖

書館·代售了，

諸君如欲購買，請就近接洽吧！

新青年社啓事

16. 国民革命号第4期——《向导周报》

國民必讀之 嚮導週報

本報出版，已兩年有奇，銷路達二萬份以上，爲國內唯一無二之政治刊物，每期總上一萬餘字，他揭破帝國主義侵略中國之陰謀，他分析南北軍閥禍國殃民之原因，他指出中華民族解放之真正道路，他不僅爲反抗惡政治之前驅，而且爲指導革命之領袖，至其主張之正碼、分析之精到，全國讀者，早已有口皆碑，自八十期以後，更抖擻精神，加倍刷新，凡我國民，欲詳知國內政治現象變化之內幕與所以救國家於危亡之道者，不可不讀。

發行與通訊處：
杭州馬坡巷法政學校轉安存真

分售處：
北京大學第一院收發課轉鄭子明○香港萃文書局○巴黑中國書報社○上海民智書局、上海書店○武昌時中華報社○共進書社○太原晉華書社○昆沙文化書社○濟南齊魯書店○雲南新亞書社○燕湖科學圖書館○杭州右今圖書店○寧波明星書館○開封文化書社○福州工學社○嘉興商務印書館○成都華陽書報流通處○重慶唯一書局○

定價：
國內一元寄足六十期○國外一元寄足三十期○郵費均在內○零售每份銅元四枚○

代派章程：
零售每份大洋二分○十份起碼○三百份以內五折○三百份以外四折○寄費在內○十期滑算一次○概不退回○

嚮導週刊三版大優待

本報目近數月以來，不但每期銷路一日千里，卽兩年來再版之舊報彙刊，亦早爲讀者索購淨盡，足見國人革命同情之增進。現各方索聯本報舊報者，繼續不斷，本報爲滿足這種要求，特將第一卷彙刊三版。

二月底出版一本，作爲第二版，準於今年十二月彙成一本，作爲第二版，準於今年十一期彙成一本，作爲第二版，定於明年二月內出版。

兹爲愛讀本報諸君起見，特訂優待辦法如下：

第一卷　自第一期至第五十期
第二卷　自第五十一期至第一百期
每卷定價大洋一元五角

預約每卷只收大洋一元○
預約第一卷至今年年底止。第二卷至明年二月底止。本彙刊，上海方面，本報已託上海書店代售，預約諸君請直兩該店可也。

嚮導週報社啓

（注意）該店預約，只限於現洋，空函概不囬答。

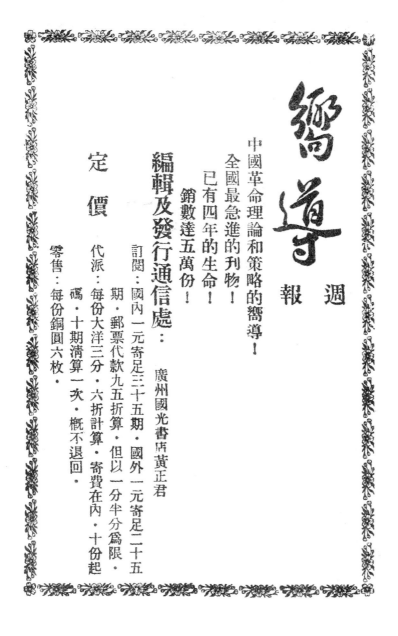

嚮導週報

中國革命理論和策略的嚮導！

全國最急進的刊物！

已有四年的生命！

銷數達五萬份！

編輯及發行通信處：　廣州國光書店黃正君

定　　價

訂閱：國內一元寄足三十五期・國外一元寄足二十五期・郵票代款九五折算・但以一分半分爲限・

代派：每份大洋三分・六折計算・寄費在內・十份起碼・十期清算一次・槪不退回・

零售：每份銅圓六枚・

二 《新青年》各埠代办处辑录

1. 第 1 卷第 1 号、2 号、3 号、4 号、5 号、6 号，第 2 卷第 1 号、3 号、4 号，第 3 卷第 3 号、5 号各埠代办处如下图：

❀ 各 埠 代 派 處 ❀		
重慶 崇文書局	重慶 二酉書局	城都 源記山房
城都 點石齋	城都 崇文書局	蘭州 二酉書局
貴州 正本山房	雲南 狮新誼公	西安 維智識圖書公司
西安 正本山房	運城 交通圖書社	太原 晉新圖書局
煙台 敦育圖書局	濟南 山東官圖書局	濟南 敦育圖書局
大名 大名玉山書局	保定 直隸官書局	天定 新華書局
天津 直隸書局	北津 洙花書局	北京 龍文圖書館
北京 直隸書局		
醴山州	梁山州	開封 開封書局
闓州 廣州書局	汕頭 桂林	長沙 嘉應
漢口 漢昌	武昌 南昌	安慶 燕信處
廣州 屯溪	福州 坎門	祁州 嶽州
禮山房 二酉山房	蘇州	文會山房
金華書社	共和編譯局	百城書館
慶學書局	石渠新書局	啟明書公司
昌明文公司	會昌 鈔仁書	點智石書局
開明書局	高智圖書	科學圖書社
宏文圖書館	陳民書社	新金書社
廣益書房	振業書龍	
蘇州	南京	南京無京
通州無錫	南通州	揚州
常州	杭州	紹興
寧波	溫州奉興	溫州
奉天	奉天	吉林
龍江	哈爾濱	新加坡
小說福記書林	共和書局	新民圖書館
文華書公司	樂群書社	導生書局
桑升	競存山房	晉明書房
開智書社	文明書局	汲新書青齋
日新書社	悅新書報館	維新圖書局
圖書所	闓州書局	神州國光社
會東文堂	永衡官書局	維新書局
魁新衡異	曹曹高慈記印書局	書鑫印書局

说明：第 2 卷第 2 号、5 号、6 号，第 3 卷第 1 号、2 号、6 号未登载各埠代办处。

2. 第 3 卷 第 4 号如下图：

各埠代派處

北京	直隷文書局
北京	體育花書閣
北京	甲寅日報館
北京	中華新書閣
北京	大學堂圖書館
北京	大學預科圖書房
天津	直隷書室
天津	新華書室
保定	直隷書局
保定	大名圖書局
大名	山東官書局
濟南	教育圖書局
濟南	晉新書局
煙台	交通義書公司
太原	公益書局
西安	新智識圖書社
西安	維誼書社
西安	正新書局
雲南	華本山書莊
貴州	二西文書
關外	柴西石印書莊
成都	兩路記
重慶	二西山書局
金山	二西文書房
瀘山	金西書山
梁山	文城書館
開封	百和學報館
開封	共和編譯局
廣州	蒙學書局
汕頭	共和圖書局
汪林	石渠閣
嘉應	啓新書局
長沙	蔡益書局
漢口	昌明文公司
武昌	會文明公司
南昌	開智書局
南昌	點石齋
安慶	萬卷書局
蕪湖	科學圖書
屯溪	宏文閣書
福州	陳文壽書
福州	新民書會
廈門	振新金書社
坎市	廣新書社
蘇州	交通館書社
蘇州	文怡福記
南京	小說書林
無錫	共和圖書局
無錫	新民圖書局
南京	文明書局
南通州	樂羣書局
南通州	導生書局
揚州	聚珍山房
常州	綾升經房
杭州	晉升書館
寧波	問存經堂
寧波	汲學書齋
溫州	日興新學社
處州	維新圖書館
紹興	會東書局
寗州	神州圖書局
寗波	闕州官書局
奉天	永衡升官報
奉天	鉅新意升臺
奉天	普益萬書印局
吉林	曹益印房公司
龍江	
哈爾濱	
新加坡	
新加坡	

3. 第4卷第3号如下图：

说明：第4卷第1号、2号、4号、5号、6号，第5卷，第6卷未登载各埠代办处。

4. 第7卷第1号如下图：

各埠代派處

北京	中華書局
天津	中華書局
天津	新華書局
保定	直隸書局
保定	羣玉山房
大名	大名官書局
濟南	山東官書局
濟南	教育圖書社
煙台	晋新書社
太原	交通書局
運城	中英書局
西安	中華書局
西安	森寶書局
雲南	雲南圖書公司
雲南	邱文雅堂
雲南	森寶書局
奉天	會文堂
黑龍	維新書報社
貴陽	羣明社
蘭州	正本書社
長沙	羣益圖書公司
漢口	會文堂
武昌	昌明公司
無錫	樂羣公司
南通州	翰文社
南昌	導文社
南昌	點石齋書莊
南昌	源記書莊
成都	國民公報社
成都	陳岳安
成都	崇文書局
成都	點石齋書莊
重慶	崇文書局
重慶	益智書局
廣信府	益智書局
安慶	中華書局
蕪湖	科學圖書社
瀘州	二酉山房
屯溪	科學圖書館
福州	宏文閣書館
福州	陳壽記
梁山	益學社
開封	文會山房
開封	百城書館
廈門	新民會社
坎市	廣益書局
廣州	蒙學書局
廣州	共和書局
汕頭	共和福譯局
油頭	石渠書局
桂林	神州圖書局
奉天	魁昇堂
哈爾濱	魁昇堂
嘉應州	啓新書局
蘇州	振新書社
蘇州	交通圖書館
蘇州	文怡書局
奉天	關東書局
新加坡	曹萬豐書莊
蘇州	小說林
南京	共和書局
無錫	文華書局
揚州	志成書局
常州	問經堂
南通州	翰記書莊
杭州	發育圖書社
杭州	新華書社
寧波	文明學社
寧波	汲綆齋
紹興	悅羣學社
處州	教育館
溫州	廣益學社
溫州	日新書社
奉天	關東書局發行所
吉林	圖書發行所
新加坡	普益印務公司

5. 第 7 卷第 3 号、6 号如下图：

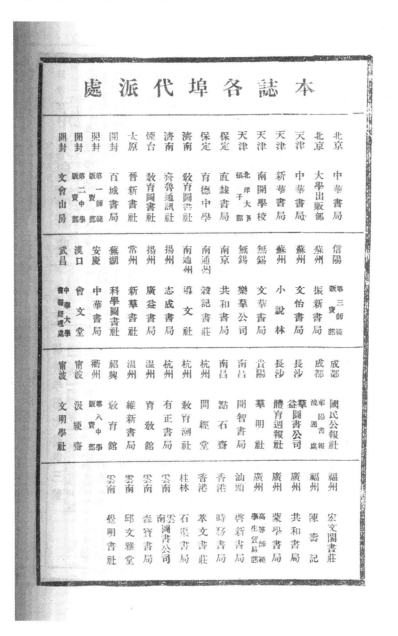

说明：第 7 卷第 2 号、4 号、5 号，第 8 卷未登载各埠代
办处。

6. 第9卷第5号如下图：

本報代派處一覽

（甲）本市雙門底

商務印書館（西闕十八甫）　共和書局　新亞書局　中華書局　西堤大新公司　蒙學書局　世界書局

（乙）外埠

上海：伊文思圖書公司　商務印書館　亞東圖書館　泰東圖書局　蘇新書局　大華書局　中華書局　富文書店　佩文齋書莊　各學校　中學編輯部

成都：華陽書報流通處　省立第一販賣部　師範學校販賣部

重慶：華洋書報社

貴陽：文化書社

長沙：振華書社　文化書社

衡州：衡華書局

武昌：利群書社　進化書社　時中書局

南昌：中華書局　點石齋書局

雲南：新亞圖書公司　中華書局　雲南書報社

北京：中華書局　育德書社　啟智書社　齊魯書社

天津：佩文書店　中華書局　富文書店

保定：育德中學校

吉安：中華書店

濟南：大華出版部　蘇新書局

信陽：中華書局

太原：晉新書社

開封：文化書社

南京：共和書局　科學圖書社　商務印書館

鎮江：啟智書局

揚州：志成書局

徐州：普育書社

無錫：中華書局

常州：日新書局

蘇州：振新書局　小說林　文怡福記書局

安慶：開智書局　中華書局　中學校新

蕪湖：六邑文化新書店　中學校書報販賣部

杭州：古今圖書店　第一師範學校書報販賣部　第二中學校書報販賣部

嘉興：

常熟：

溫州：文明書堂

寧波：新民書社　啟明書堂

廈門：日新書局　光華書局

梅縣：新華書局　商務印書局

香港：商務印書館

海豐：陸安報社　文同益書坊

（丙）國外

歐州總代派處巴里中國書報社

日本東京神田北神保町十中國青年會內東方書報社

（丁）伊文思圖書公司外埠各特約分售處代派本報如左

北平：民國圖書館

京津：郭記　中華圖書局　育群書社

武昌：廣益長沙

南通：各學校　文和書莊　英文圖書報莊公司

重慶：貴陽雲南蘇

天南湖：崇文書局　啟明書局　光華書社發行所

揚州：常嘉松江

文同益書局　文益書社

7. 第 9 卷第 6 号如下图：

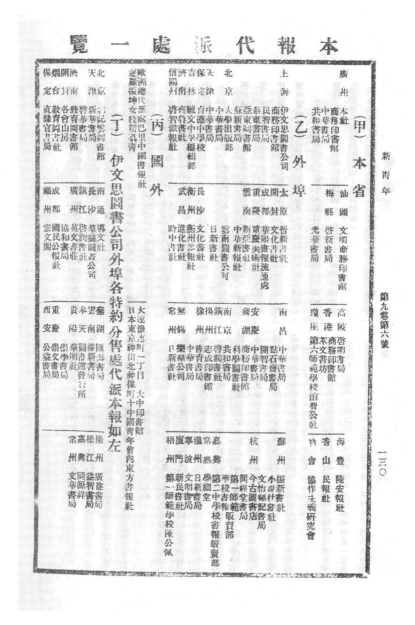

说明：第9卷第1号、2号、3号、4号未登载各埠代办处。

8. 上海书店印行 1988 年 6 月第 1 版第 11 本第 1 期如下图：

新青年社——舉行大廉價

本社出版的各種叢書以及新青年八、九兩卷，自七月一日起至八月卅日止，大廉價兩個月。凡在廉價期內以現欵購書，一律照原價六折計算，外埠臨買，寄我加一，郵我代收用。

廉價以廣州本社爲限，與各埠本社代派處無涉。期滿即照原價發售；愛讀本社出版物的諸君，幸勿失此機會。

茲將各書列表如下：

書目	原價	廉價	書目	原價	廉價
新青年 八九兩卷每冊	二角	一角二分	工錢勞動與資本	一角八分	一角一分
社會主義討論集	七角	四角二分	馬克思資本論入門	一角	六分
科學問題	四角	二角四分	勞農會之建設	一角六分	一角
到自由之路	五角	三角	討論進行計畫書	一角	六分
歐洲和議後之經濟	五角	三角	共產黨禮拜六	一角二分	七分
工團主義	三角	一角八分	列寧傳	二角	一角二分
階級爭鬥	五角	三角	勞農政府成功與困難	一角二分	七分
共產黨底計畫	三角	一角八分	勞動運動史	一角	六分
俄國共產黨黨綱	一角	六分	俄國革命記實	三角九分	二角三分
國際勞動中之重要問題	三角	一角八分	兩個工人談話	一角	六分
第三國際議案及宣言	四角	二角四分	京漢工人流血記	一角	六分
共產黨宣言	一角	六分	共產黨月刊 三期至六期每冊	一角	六分

總發行所廣州昌興馬路新青年社

京漢工人流血記

二月七日京漢路工的慘殺不僅為中國勞動運動史上一大事，而且為民權運動史上一大事，發縱指使的不僅為直系軍閥與佩孚等，而且為英國領事與英國煙廠棉廠各大班，故是役之意義不僅為軍閥與外國侵累家打破勞動運動的新勢力，而且為軍閥與外國侵略家打破國民運動的新勢力。是書紀載詳明，分析精到，一字一句，可歌可泣。凡關心中國新勢力發展的人，皆不可不人手一精。

每冊定價大洋二角

代售處廣州昌興馬路二十八號二樓平民書社

新青年季刊第一期

一九二三年六月十五日出版

編輯者　廣州平民書社

印刷者　廣州平民書社

總發行所　廣州昌興馬路二十八號二樓平民書社

定價大洋二角
多購特別從廉

9. 上海书店印行1988年6月第1版第11本第2期如下图：

中國青年週刊出版了

中國青年的喇叭角，爲後老年的制度與設施辦的停止了！

本刊印來了，作爲腐朽物之死敵！

價目 每册二分。半年（二十六期）連郵大洋五角，全年（五十二期）連郵大洋九角。

總代派處 上海書店。

分傳處 各省各大書坊。二百份以內七折，以外八折。十期清算一次。概不退回。

現已出到第十三期了──

這在軍閥和外力壓迫之下的中國人民，誰能引導他們向解放的路上走呢？

只有馬克同派從秀們所辦的 **鄉導週報**。

現已出到五十期。

價目 每份三分。半年大洋七角，全年一元。國內郵費在內。

通訊處 北京大學第一院收發課 劉伯青。

分傳處 杭州馬坡巷法政學校轉安存真。

代派章程 概不退回。二百份以內七折，二百份以外六折。十期清算一次。

新青年季刊第二期

一九二三年十二月二十日出版

編輯者 廣州平民書社

印刷者 廣州平民書社

總發行所 廣州司後街四十五號 平民書社

本誌定價表

册數	定價（大洋）	國內郵費	國外郵費
每期一册	三角	二分半	一角
全年四册	一元	一角	四角

10. 上海书店印行 1988 年 6 月第 1 版第 11 本第 3 期如下图：

中國青年週刊

新青年季刊第三期

一九二四年八月一日出版

編輯者　廣州新青年社

發行者　廣州新青年社

本誌定價表			
册數	定價（大洋）	國內郵費	國外郵費
每期一册	三角	二分半	一角
全年四册	一元一角	四角	

中國青年彙刊第一期至第二十六期

實值大洋六角。

歡迎代派：十册起碼，八折；但均須現款。國內一元寄足四十期，郵費均在內。另售每份大洋三分。二百份以內七折；二百份以外...

處在軍閥和外力壓迫之下的中國人民，誰能引導他們向解放的路上走呢？只有本社所辦的嚮導週報。

嚮導彙刊第一期至第五十期

期實價一元五角

價目　國內一元寄足四十期，郵費均在內。
代售及定閱處　各省各大書坊。
代派章程　六折：十期清算一次。

通訊處　北京大學第一院收發課轉鄭子明。杭州舊梳路嚴衙弄七號賴淡立民。

陳獨秀先生講演錄

本錄實價大洋一角。內容如下：

第一講　我們爲什麼相信社會主義

第二講　我們相信何種社會主義

第三講　社會主義如何在中國開始進行

11. 上海书店印行 1988 年 6 月第 1 版第 11 本第 4 期如下图：

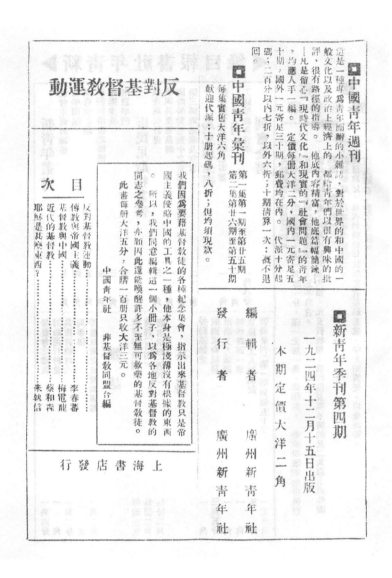

□中國青年週刊

這是一種爲青年而辦的小雜誌，對於世界的和中國的一般文化以及政治上經濟上的都給青年們以很有興味的批評，很有路徑的指導。他底內容精當，他底篇幅簡鍊，一凡是留心『現時代文化』和現實的『社會問題』的青年，均應人手一編。定價每冊大洋二分，國內一元寄足五十期，國外一元寄足三十期，郵費均在內。代派十分想，二百分以內七折，以外六折；十期清算一次：概不退回。

□中國青年彙刊

每集實售大洋六角
第一集第一期至第廿五期
第二集第廿六期至第五十期

歡迎代派：十冊起碼，八折；但均須現款。

□反對基督教運動

我們因爲要藉基督教徒的各種紀念集會，指示出來基督教只是帝國主義侵略中國的工具之一種，他本身是極淺薄沒有根據的東西。所以，我們同意編輯這一個小冊子，以爲各地反對基督教的同志之參考，小類因此還能喚醒許多不至於無可救藥的基督教徒。

此書每冊大洋五分，合購一百冊只收大洋三元。

中國青年社
非基督教同盟合編

目 次

反對基督教運動
傳教與帝國主義
基督教與中國………李春蕃
近代的基督教………梅電龍
　　　　　　　　　蔡和森
耶穌是甚麼東西？……朱執信

上海書店發行

□新青年季刊第四期

一九二四年十二月十五日出版

本期定價大洋二角

編輯者　廣州新青年社

發行者　廣州新青年社

12. 上海书店印行 1988 年 6 月第 1 版第 12 本第 1 号如下图：

■中國青年週刊

道是一種青年期辦的小雜誌，會討世界的和中國的一般文化以及政治上經濟上的，都給青年們以很有興味的批評，很有路徑的指導。他底內容精富，他底篇幅簡潔——凡是留心「現時代文化」和現實的「社會問題」的青年，均題人手一編。定價每册大洋二分，國內一元寄足五十册，國外一元寄足卌期，郵費為在內。代派一元起碼二百分以內七折；以外六折；十期滿算一次；概不退囘

■中國青年彙刊

第一集第一期至二十五期
第二集第二十六期至第五十期
第三集第五十一期至第七十五期
每集實售大洋六角。
歡迎代派：十册起碼，八折；但為須現款。

四版
孫中山先生遺言

中山雖死，孫中山主義永存。中山革命的軀體雖然離開了世界，中山革命的精神仍然指揮着民眾。你們要知道中山的主義，你們要看中山的革命精神如何能再指揮着民眾，你們快快來看中山先生遺言！

每册五分，如蒙現款，合購百册三元，千册念五元。

上海書店發行

■新青年第一號
一九二五年四月二二日出版
本號定價大洋三角

編輯者 廣州新青年社
發行者 廣州新青年社

文学革命与《新青年》传播

13. 上海书店印行 1988 年 6 月第 1 版第 12 本第 2 号如下图：

共產主義的ABC

布哈林著

"共產主義的怪物"已經徘徊得到中國來了。我們又眼見著幾萬萬的工人和農民起來站在這"怪物"的旗幟底下，中國共產黨便是這"怪物"變化的肉身。我們眼見著帝國主義軍閥自己的階級的黑暗和民族的解放而奮鬥。

這就是一切中國人眼前最迫切待解答的一個疑問。A B C 還是共產主義的初步，就解答這個疑問。共產主義是什麼，資本主義是什麼，共產主義為什麼要削壞而達到共產主義的革命，共產黨所要的是什麼，還而且是一切加入"反共產

閱自己的階級和民族的解放而奮鬥。

一厘的將全書暗暗詞貫通共五角……

這一本書還告訴我們怎樣去達到我們所應該讀的人們所應該讀的，成共產黨革命的理論和策略的人們所應該讀的

第一編
第二編
第三編 共產主義與無產階級專政
第四編 資本主義發展怎樣達到共產主義革命
第五編 第二國際與第三國際

（定價每冊大洋二角）

▲中國青年彙刊

每集實價大洋六角 歡迎代派：十冊起碼，八折；但均須現款。

第一集 第一期至第二十五期
第二集 第二十六期至第五十期
第三集 第五十一期至第七十五期
第四集 第七十六期至第一百期

▲中國青年週刊

▲新青年第二號▼

一九二五年六月一日出版

本號定價大洋三角

編輯者 廣州新青年社

發行者 廣州新青年社

▲新青年第三號▼

一九二六年三月二十五日出版

本號定價大洋三角

編輯者　廣州新青年社

發行者　廣州新青年社

▲中國青年週刊

▲中國青年彙刊

每集實售大洋六角。

第一集　第一期至第二十五期
第二集　第二十六期至第五十期
第三集　第五十一期至第七十五期
第四集　第七十六期至第一百期

歡迎代派：十冊起碼，八折；但均須現款。

共產主義的ABC

布哈林著

第一編
第二編
第三編　資本主義制度的發展與無產階級專政
第四編　資本主義發展怎樣達到共產主義革命
第五編　第二國際與第三國際

（定價每冊大洋二角）

15. 上海书店印行 1988 年 6 月第 1 版第 12 本第 4 号如下图：

中國青年週刊

這是一種專為青年而辦的小雜誌，對於世界的和中國的一般文化以及政治上經濟上的，給青年們以很有興味的批評，很有路徑的指導。他底內容精富，他底篇輯簡鍊。

——第一百二十五期以後，篇輯更擴充至三十二面，內容及印刷亦大加改良，封面另用道林紙翻印，封面畫為豐子愷君手筆。

凡是留心「現代文化」和現實的「社會問題」的青年，均題人手一編。 定價：每冊暫仍三分，國內一元寄三十五期：國外一元寄廿五期，郵費均在內。

代派十分起碼，一律六折，十期決算一次，概不退回。

通信處：廣州國光書店李義君

分售處：各省各大書局

▲新青年第四號▼

一九二六年五月二十五日出版

本號定價大洋三角

編輯者　　新青年社

發行者　　新青年社

總代派處　廣州國光書店

分售處　　全國各大書局

16. 上海书店印行 1988 年 6 月第 1 版第 12 本第 5 号如下图：

中國青年週刊

這是一種專爲青年而辦的小雜誌，對於世界的和中國的一般文化以及政治上經濟上的，給青年們以很有興味的批評，很有路徑的指導。他底內容精富，他底篇幅簡鍊。——第一百二十五期以後，篇幅更擴充至三十二面，內容及印刷亦大加改良，封面分用道林紙翻印，封面畫爲豐子愷君手筆。　凡是留心「現時代文化」和現實的「社會問題」的青年，均應人手一編。　定價：每冊暫仍三分，國內一元寄三十五期：國外二元寄廿五期，郵費均在內。代派十分起碼，一律六折，十期消算一次，概不退回。

通信處：廣州國光書店李羲君

分售處：各省各大書局

▲新青年第四號▼

一九二六年五月二十五日出版

本號定價大洋三角

編輯者　　新青年社

發行者　　新青年社

總代匯處　廣州國光書店

分售處　　全國各大書局

三 《新青年》投稿简章及特别通告辑录

（一）投稿简章

第 1 卷第 1 号未登载投稿简章。

第 1 卷第 2—6 号、第 2 卷 1—6 号、第 3 卷 1—5 号如下图：

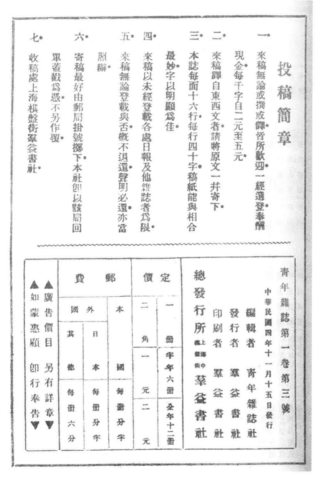

说明：第 3 卷第 6 号、第 4 卷、第 5 卷、第 6 卷、第 7 卷、第 8 卷、第 9 卷、上海书店印行 1988 年 6 月第 1 版第 11 本、12 本均未登载。

（二）特别通告辑录

1. 第 1 卷第 1 号

社告

一
國勢陵夷道衰學弊後來責任端在青年。本誌之作蓋欲與青年諸君商榷將來所以修身治國之道。

二
今後時會一舉一措皆有世界關係我國青年雖處蟄伏研求之時然不可不放眼以觀世界。本誌於各國事情學術思潮盡心灌輸可備攻錯。

三
本誌以平易之文說高尚之理凡學術事情足以發揚青年志趣者竭力闡述冀青年諸君於研習科學之餘得精神上之援助。

四
本誌執筆諸君皆一時名彥然不自拘限社外撰述尤極歡迎海內　鴻碩倘有佳作　見惠無任期禱。

五
本誌特闢通信一門以為質析疑難發舒意見之用凡青年諸君對於物情學理有所懷疑或有所闚發皆可直繊惠示本誌當盡其所知用以奉答庶可啓發心思增益神志。

社會

一

2. 第 2 卷第 2 号

本誌自第二卷第一號起、新闢「

通 告 二

讀者論壇」一欄、容納社外文字。
不問其「主張」「體裁」是否與本
誌相合但其所論確有研究之價
值者、卽皆一體登載以便讀者諸
君自由發表意見。

本誌自出版以來、頗蒙國人稱許第一

通 告 一

卷六冊已經完竣。自第二卷起、欲益加
策勵、勉副讀者諸君屬望、因更名爲新
青年且得當代名流之助、如吳稚暉、馬
君武、張溥泉、溫宗堯、胡適、蘇曼殊、李大
釗諸君、允許擔任本誌撰述嗣後內容、
當較前尤有精采此不獨本誌之私幸、
亦讀者諸君文字之緣也。

本誌編輯部啓事

本誌自第四卷一號起。投稿章程業已取消。所

有撰譯，悉由編輯部同人公同擔任，不另購稿。

其前此寄稿尚未錄載者，可否惠贈本誌。尚希

投稿諸君，賜函聲明，恕不一一奉詢。此後有以

大作見賜者。概不酬贈錄載與否。原稿恕不奉

還。謹布。

4. 第 4 卷第 4 号

本社特別啓事

易卜生（H. Ibsen）爲歐洲近代第一文豪其著作久已風行世界獨吾國尚無譯本本社現擬以六月份之新青年爲『易卜生號』其中材料專以易卜生（Ibsen）爲主體除擬登載易卜生所著名劇『娜拉』（A Doll's House）全本及『易卜生傳』之外尚擬徵集關於易卜生之著作以爲介紹易卜生入中國之紀念海內外學者如有此項著述望於五月十日以前寄至北京東安門內北池子箭桿胡同，九號本雜誌編輯部爲禱。

本社特別啓事（一）

英國蕭（姓）伯訥（名）G. Bernava Shaw 爲現存劇作家之第一流著作甚富本社擬紹介其係作於國人即以十二月份之新青年爲「蕭伯訥號」擬先譯「人及超人」Man and Superman「巴伯勒大尉」Myjr Barbava 及「華倫夫人之職業」Mrs. Warren's Profession三劇海內外學者如有關於蕭氏之著述請逕寄至本雜誌編輯部爲禱

本社特別啓事（二）

本社擬於暑假後印行「易卜生劇叢」第一集中含「娜拉」「國民之敵」及「社會棟樑」三劇。此外並有胡適君之序言解釋易卜生之思想特此布告。

本誌啓事一

本期原定爲蕭伯訥號。現以譯稿未全擬緩期出版。有負閱者伏乞鑒原。

本誌啓事二

本誌對於投稿，無論登載與否概不退還原稿一節，已在三卷四號聲明。日來復有函索原稿者特再聲明恕不一一作復。

新青年編輯部啟事

近來外面的人往往把新青年和北京大學混爲一談、因此發生種種無謂的謠言。

現在我們特別聲明:新青年編輯和做文章的人雖然有幾個在大學做教員，但是這個雜誌完全是私人的組織、我們的議論完全歸我們自己負責和北京大學毫不相干。此布。

8. 第 6 卷第 6 号

▲▲ **本報啓事** ▼▼

凡與本報交換的月刊週刊等，請寄北京北池子箭竿胡同九號本報編輯部。各報與本報交換的廣告請寄上海棋盤街群益書社本報發行部。敬求注意！

oo **胡適啓事** oo

我因爲先登了「嘗試集」的兩篇序，故有許多朋友來問我這書在何處出售。其實這書還不曾印好，狠抱歉的。這書大概陰曆年底可以出版，歸上海亞東圖書館發行。

本誌特別啓事

前號本誌所載的關於「新銀團問題」幾篇文章，署名作者在校所得學位，原來是想讀者曉得他們都有專門知識的證據。後來覺得學位雖和官銜不同，總帶點庸俗的彩色，我們自己所不願意的事，不求本人認可，硬加在他人的頭上，心中很覺不安。現在又發見所署的學位，竟有因傳聞錯誤的地方，更是抱歉萬分。特此聲明，敬求原宥。

記者白

新青年 新潮 新教育 啓事

杜威先生的講演記錄、由胡適之先生修正、『政治社會哲學』登『新青年』。『教育哲學』登『新教育』。『思想的派別』登『新潮』。請讀三種月刊的

注意。

特白

本誌特別預告

每年五月一日，是一八八四年美國芝加
角大會議議決工作八小時底運動勝利紀
念日；後來每逢此日，歐美各國底勞動
界，常有盛大的紀念運動。　本誌次號
出版期剛逢到這個盛節，所以決定發行
「勞動節紀念號」，當做我們「游惰神聖」的民
族一聲警鐘！

本社出版的：新青年雜誌，和新青年叢書——上海方面，

已託商務印書館·伊文思圖書公司·泰東圖書局·亞東圖

書館·代售了，

諸君如欲購買，請就近接洽吧！

新青年社啟事

12. 上海书店印行 1988 年 6 月第 1 版第 11 本第 1 期

本誌啓事

本誌自與讀者諸君相見以來，與種種惡魔難戰，死而復蘇者數次。去年以來又以政治的經濟的兩重壓迫，未能繼續出版，同人對於愛讀諸君，極為抱歉。茲復重整旗鼓為最後之奮鬥，並以節省人力財力及精審內容計，改為季刊，數量上雖云銳減，質量上誓宗猛增，補前此徵期之過。其定期而未寄滿營，一概按冊補齊，以副雅意，并此聲明。

前鋒 創刊號 出版了

……這個月刊，是國民運動的一支尖兵……打亞陣的前鋒。

目錄

本誌緣佈

一，中國國民運動之過去及將來 …… 孫鐸
二，現代中國的國會制與軍閥 …… 瞿秋白
三，中國之資產階級的發展 …… 屈維它
四，帝國主義侵略中國之各種方式 …… 屈維它
五，中國農民問題 …… 屈維它
六，最近中國婦女運動 …… 獨秀
七，寸鐵 …… 管子
八，省憲下之湖南 …… 石山
九，法西斯主義之國際性 …… 太富
十，近代印度概況 …… 太富

每冊定價二角

總發行所廣州昌興路馬二十八樓平民書社

上海书店印行 1988 年 6 月第 1 版第 12 本第 1 号

我們的旗幟——列甯

我們的武器——列甯主義

我們的任務——全世界革命

13. 上海书店印行 1988 年 6 月第 1 版第 12 本第 5 号

本刊啓事

本刊現爲優待讀者起見，從第六號起，每册特減售至大洋二角；如滙寄大洋一元，當按期寄足六册。

定閱處廣州國光書店黃正君

新青年社 台鑒

兹滙奉大洋一元，定閱貴刊六册，請由第號起寄至第號止，並祈給發收據爲盼。

此致

定閱者姓名
地址

附录

主要参考文献

《新青年》月刊

《太平洋》月刊

《每周评论》

《新潮》月刊

《国民》月刊

《新教育》月刊

《星期评论》

《少年中国》月刊

《建设》月刊

《解放与改造》半月刊

《少年世界》月刊

《小说月报》（第12—16卷），书目文献出版社1981年版。

《饮冰室合集》

《新小说》

《学衡》杂志

《一般》杂志

《创造周报》

《晨报副刊》

《甲寅》杂志

《安徽俗话报》

胡适：《中国新文学大系·理论建设集》

胡适：《四十自述》

《鲁迅全集》

《吴宓诗集》，上海：中华书局 1935 年版。

复旦大学语言文学研究所编《陈望道先生诞辰百周年纪念文集》，1992 年。

胡适：《胡适说文学变迁》，上海古籍出版社 1999 年版。

康有为：《〈日本书目志〉识语》，1897 年。

《郁达夫文集》，花城出版社 1983 年版。

郭沫若著，钱士礼编《郭沫若文集》，龙虎书店 1937 年版。

中国社会科学院近代史研究所民国史研究室编《胡适来往书信选》上册，中华书局香港分局 1983 年版。

郭绍虞、罗根泽编《近代文论选》（上），人民文学出版社 1959 年版。

孔范今：《走出历史的峡谷》，山东文艺出版社 1997 年版。

陈万雄：《五四新文化的源流》，生活·读书·新知三联书店 1997 年版。

贾兴权：《陈独秀传》，山东人民出版社 1998 年版。

辞海编辑会编《辞海》历史分册（中国现代史），上海辞书出版社 1984 年版。

孔范今主编《二十世纪中国文学史》，山东文艺出版社 1997 年版。

方汉奇主编《中国新闻事业通史》第二卷，中国人民大学出版社 1996 年版。

徐宝璜：《新闻学》，时代文艺出版社 2009 年版。

中国社会科学院现代史研究室、中国革命博物馆党史研究室编《"一大"前后》（二），人民出版社 1980 年版。

郭庆光：《传播学教程》，中国人民大学出版社 1999 年版。

王桂妹：《五四文化激进主义与中国文学现代转型》，博士论文，山东大学文学院，2003 年。

汪原放：《回忆亚东图书馆》，学林出版社 1983 年版。

费正清：《中国：传统与变迁》，张沛译，世界知识出版社 2002 年版。

唐宝林、林茂生：《陈独秀年谱》，上海人民出版社 1988 年版。

谷长岭、俞家庆：《中国新闻事业史》，中央广播电视大学出版社 1987 年版。

顾长声：《传教士与近代中国》，上海人民出版社 1981 年版。

陈玉申：《晚清报业史》，山东画报出版社 2003 年版。

冯自由：《中华民国开国前革命史》上卷，上海书店 1990 年版。

方汉奇、张之华主编《中国新闻事业简史》，中国人民大学出版社 1995 年版。

周葱秀、涂明：《中国近现代文化期刊史》，山西教育出版社 1999 年版。

郝雨：《中国现代文化的发生与传播》，上海人民出版社 2002

年版。

陈荣衮：《论报章宜改用浅说》，《近代史资料》1963 年第 2 期。

李欧梵：《现代性的追求》，生活·读书·新知三联书店 2000 年版。

佘碧平：《现代性的意义与局限》，上海三联书店 2000 年版。

刘小枫：《诗话哲学》，山东文艺出版社 1986 年版。

刘建明：《社会舆论原理》，华夏出版社 2002 年版。

周策纵：《五四运动史》，岳麓书社 1999 年版。

名家说——"上古"学术萃编《胡适说文学变迁》，上海古籍出版社 1999 年版。

汪晖：《无地彷徨》，浙江文艺出版社 1994 年版。

李继凯、刘瑞春选编《解析吴宓》，社会科学文献出版社 2001 年版。

王晓明主编《批评空间的开创》，东方出版中心 1998 年版。

钱理群等：《中国现代文学三十年》，上海文艺出版社 1998 年版。

严家炎：《世纪的定音》，作家出版社 1996 年版。

解洪祥：《近代理性·现代孤独·科学理性》，山东大学出版社 1998 年版。

杨义主笔，中井正喜、张中良：《中国新文学图志》，人民出版社 1998 年版。

张静庐编《中国现代出版史料》，中华书局 1959 年版。

陈平原、山口守：《大众传媒与现代文学》，新世界出版社 2003 年版。

解洪祥：《中国现代文学精神》，山东教育出版社 2003 年版。

戈公振：《中国报学史》，生活·读书·新知三联书店 1955 年版。

王一川：《文学理论》，四川人民出版社 2003 年版。

王晓明主编《批评空间的开创》，东方出版中心 1998 年版。

马克·波斯特：《第二媒体时代》，南京大学出版社 2000 年版。

欧阳友权：《网络文学论纲》，人民出版社 2003 年版。

王大珩、于光远主编《论科学精神》，中央编译出版社 2001 年版。

杨义：《中国现代小说史》，人民出版社 2000 年版。

汪敬虞：《中国资本主义的发展和不发展》，中国财政经济出版社 2002 年版。

许祖华：《五四文学思想论》，华中师范大学出版社 2002 年版。

马歇尔·麦克卢汉：《理解媒介》，商务印书馆 2001 年版。

陈玉申：《晚清报业史》，山东画报出版社 2003 年版。

杨犁编《胡适文萃》，作家出版社 1991 年版。

张国良主编《20 世纪传播学经典文本》，复旦大学出版社 2003 年版。

温儒敏：《中国现代文学批评史》，北京大学出版社 1993 年版。

哈贝马斯：《交往与社会进化》，张博树译，重庆出版社 1989 年版。

童兵等：《20 世纪中国新闻学与传播学》，复旦大学出版社 2001 年版。

顾长声：《传教士与近代中国》，上海人民出版社 1981 年版。

乐黛云：《世界对话中的中国现代保守主义》，社会科学文献出版社 2001 年版。

罗杰·菲德勒：《认识新媒介》，华夏出版社 2000 年版。

主要参考文献

后 记

　　找一个安静的时刻，去静静地反观自身是我的一个习惯，也是我长期以来形成依赖的自我修复内心、还原事物和自己的判断趋于客观、中正的为人处世的方法。近几年来我一直在反思、在寻找一个问题的答案，这个问题就是——是什么力量在支撑着我创建视友网，一直坚持、坚定、专注地按照既定的战略目标走到今天？直到前几天，一个很偶然的机缘和李佐丰先生在一起吃饭，其间很自然地向李先生请教有关文学，特别是有关中国现代文学的事件和人物时，聊到我博士期间研究的《新青年》杂志。当时我不经意的一句感慨，让自己茅塞顿开——《新青年》杂志和它的创办者给我灌注了强烈的责任感和使命精神，让我在创业的过程中，于数次万难压顶之时尚能绝地而生。我，找到了问题的答案，这个答案蛰伏在灵魂深处。

　　于是，在最近的两三年中，尽管创业事多，但总还是能够让自己在一杯清水四壁书卷中沉静、沉思，让思考的力量穿越时空，拂去浮躁，倾听来自远去的世纪里《新青年》之大师者、思想者的声音，着手对我的博士论文进行整理、修订，以《文学革命与＜新青年＞传播》为题出版此书，与各位分享、交流，请批评指正。

是为后记。

陈斯华

2011 年 5 月 19 日

后

记